行政事务人员
技能考核培训教材

主　编

许远旺

副主编

陈樱花　王　森

编　委
（以姓氏笔画为序）

王　森　卢　璐　代宝珍　刘　欣
刘石柱　许远旺　陈　羲　陈樱花
赵一村　詹长春　蔡小霞

江苏大学出版社
JIANGSU UNIVERSITY PRESS
镇　江

图书在版编目(CIP)数据

行政事务人员技能考核培训教材．上册／许远旺主编．—镇江：江苏大学出版社，2017．12(2025．6 重印)
ISBN 978-7-5684-0588-1

Ⅰ．①行… Ⅱ．①许… Ⅲ．①行政管理—中国—培训—教材 Ⅳ．①D63

中国版本图书馆 CIP 数据核字(2017)第 219452 号

行政事务人员技能考核培训教材(上册)
Xingzheng Shiwu Renyuan Jineng Kaohe Peixun Jiaocai (Shangce)

主　　编／许远旺
副 主 编／陈樱花　王　森
责任编辑／韦雅琪　顾正彤
出版发行／江苏大学出版社
地　　址／江苏省镇江市京口区学府路 301 号(邮编：212013)
电　　话／0511-84446464(传真)
网　　址／http://press.ujs.edu.cn
排　　版／镇江文苑制版印刷有限责任公司
印　　刷／镇江文苑制版印刷有限责任公司
开　　本／718 mm×1 000 mm　1/16
印　　张／14.75
字　　数／272 千字
版　　次／2017 年 12 月第 1 版
印　　次／2025 年 6 月第 8 次印刷
书　　号／ISBN 978-7-5684-0588-1
定　　价／59.00 元

前言

党的十八大以来，为推进廉洁型和服务型机关建设，降低政府行政运行成本，国家在全国范围内推进公务用车改革，专门出台《关于全面推进公务用车制度改革的指导意见》（中办发〔2014〕40 号）和《中央和国家机关公务用车制度改革方案》（中办发〔2014〕41 号），为规范公务用车管理，推进机关事业单位后勤服务市场化、社会化改革，建立与现代政府治理体系相适应的新型公务出行模式及公务用车制度奠定了基础，具有十分重要的现实意义和深远的历史意义。中央公车改革新政推行以来，各地按照中央"厉行节约、反对浪费"的精神和要求，坚持社会化、市场化方向，加快推进公务用车制度改革，合理配置公务用车资源，创新公务交通分类提供方式，有效遏制了"车轮上的腐败"，积极推进了廉洁型机关和节约型社会建设。

遵照中央精神，江苏省高度重视公车制度改革工作，专门成立公务用车制度改革领导小组，并将其列入年度重点改革任务，出台了《江苏省公务用车制度改革总体方案》（苏车改〔2015〕1 号）及相关配套文件。改革取得了明显成效。据统计，全省党政机关公车改革涉及公务人员 40 余万人，取消公车 3 万余辆，每年可节约交通支出 8.5 亿余元。公车改革是一项涉及面较广的系统改革，不仅需要在公务交通保障方式、公务交通补贴标准及公务用车处置等方面推进制度和技术创新，而且在公车改革涉及司勤人员的妥善安置及分流问题上也需要创新思维、综合施策、多措并举，按照坚持原则、有情操作的思路，切实维护广大司勤人员的权利和利益，为改革创造一个和谐稳定的环境。因此，除严格执行中央政策和文件精神的"规定动作"外，江苏省在此项改革中还尝试了不少"自选动作"的探索和创新。针对车改后由养人养车向购买服务转变、司勤人员何去何从这一现实和敏感问题，政策文件明确规定不得将涉改司勤人员简单推向社会，而以内部消化为主，通过内部转岗、开辟新岗、提前离岗等方式妥善安置。

为进一步提高公车改革后涉改司勤人员的综合素质和业务能力，确保转岗顺利并提高司勤人员的履职能力，江苏省工考办决定在全省设立行政事务人员技术工种，作为公车改革后涉改司勤人员及其他相关人员的职业发展通道及技能晋升工种，并委托江苏大学管理学院公共事业管理系行政管理与公共政策学科团队组织开展调研与论证工作，在此基础上确定培训目标、内容形式、考核办法，并具体承担行政事务技能等级的标准制订、教材编写、组织培训等任务。

《行政事务人员技能考核培训教材》正是上述改革背景的产物，同时也是总结全省 10 余地级市 2000 多名学员对培训讲义的试用意见及建议反馈的结晶。由于行政事务人员是机关事业单位中从事管理、辅助、后勤保障与服务的人员，具有背景来源广、人员数量多、岗位分布复杂等特点，因此对行政事务人员所需掌握的应知、应会知识及技能考核要求的把握不是一件易事。本教材主要聚焦江苏省情概览、职业道德、行政法律、公共管理、办公室事务管理、公文写作与档案管理、办公自动化、管理沟通、应急处置、公务礼仪、领导科学与艺术、政府公共关系等基本知识及相应技能。培训教材一共分两册：上册适用于行政事务人员等级工（初级、中级、高级）技能培训；下册适用于行政事务人员技师和高级技师岗位等级工技能培训。希望本教材的出版能为公车改革事业及行政事务人员技能培训贡献绵薄之力。

为编好本教材，我们专门成立了编委会，负责对教材编写事宜进行统一规划和把关。教材编写前，编委会成员在江苏省工考办的帮助和支持下，专门赴福建省福州市进行专题调研，了解和借鉴兄弟省份的基本做法及教材编写的宝贵经验。初稿完成后，我们又多次组织编委会成员讨论校稿，并征求了江苏省工考办领导、南京高校相关培训基地领导和专家及参加培训学员的意见，力图使教材内容和结构体系契合行政事务人员技能培训的要求。

本教材凝聚了众多领导、专家、老师的智慧和经验。江苏省人力资源和社会保障厅工考办李建方主任对教材的出版十分关心，不仅贡献了大量的真知灼见，而且也提供了有力的指导和支持。同时，省工考办潘迎晖、李赟华、徐俊芳等对行政事务人员技能培训及教材出版也给予了诸多支持。江苏大学人事处马志强处长、吴旻副处长自始至终关注本教材的出版，倾注了很多的精力，并提供了力所能及的帮助。江苏大学管理学院党委书记、公共管理学科带头人、博士生导师周绿林教授校阅了全稿，并对教材内容、篇章结构、逻辑体系提出了宝贵的修改意见，部分章节甚至字斟句酌、反复推敲，让人由衷地感激和钦佩！本教材的出版，无疑也凝聚着他的心血和智慧。本册教材由许远旺负责筹划和统稿，陈樱花、王森承担了部分章节编写、统稿、校对任务。全书编写具体分工如下：前言、第一章、第三章（许远旺）、第二章（刘欣　陈樱花）、第四章（王森）、第五章（蔡小霞　赵一村）、第六章（陈羲）、第七章（詹长春）、第八章（刘石柱）、第九章（代宝珍）、第十章（卢璐）。此外，教材的编写还参考了不少专家学者的研究成果和学习心得，相关著作和资料来源在参考文献处列出，在此一并表示衷心的感谢！

正如中央深改组第三十七次会议所指出："形成允许改革有失误、但不允许不改革的鲜明导向"，我们虽然在全国范围较早启动了行政事务人员技能考核标准制订及组织培训工作，但在标准的把握及教材内容的设置等方面仍存在诸多不尽如人意之处，恳请方家鸿儒批评指正、不吝赐教！

目录

第二章

职业道德

第一章

江苏省情概览

【阅读提示】

通过本章的学习，了解江苏的省情概况、历史发展、自然地理，熟悉江苏的地域特点、风土人情、民俗文化，掌握江苏人民在浩荡历史长河中创造的光辉灿烂的文化和独特的艺术表现形式。

第一节　悠久历史

一、历史源流

江苏是中国古代文明的发祥地之一。于 1993 年发现的南京汤山直立猿人化石表明，早在 35 万年前就有古人类在此活动。而在此之前，考古工作者于 1954 年在泗洪双沟镇东下草湾发现的人类化石，据测定年代介于北京猿人和现代人之间，距今 4 万 ~5 万年，属于旧石器时代晚期，古人类学界称之为下草湾人，又叫泗洪新人。

进入新石器时代，据初步调查，江苏及相邻地区的新石器时代文化遗址约有上千处。其中包括淮安青莲岗文化、高邮龙虬庄文化、海安青墩文化、苏州草鞋山文化、南京北阴阳营文化、常州圩墩文化等，五彩缤纷、星罗棋布。在草鞋山文化遗址发现的 6000 年前马家浜文化水稻田，是目前中国发现的最早有灌溉系统的古稻田。据研究，其出土的炭化稻，连同常州圩墩、高邮龙虬庄、昆山少卿山、溧阳神墩等新石器时代文化遗址出土的炭化稻，属于人工栽培稻，这为中国稻作农业起源、栽培稻起源的研究提供了实物依据。

二、 建制沿革

江苏是《尚书·禹贡》所载九州中徐、扬两州的一部分。夏、商、周三代，江苏分属不同的部落和诸侯国。春秋时期，分属齐、鲁、宋、吴、楚等国。

秦代实行郡县制，境内长江以南属会稽郡，以北分属东海郡和泗水郡。

西汉初年，郡国并行，全省先后分属楚、荆、吴、广陵、泗水等国，会稽、丹阳、东海、临淮、琅邪、沛等郡。东汉永和五年（140），省境长江以南属扬州，以北属徐州。

三国鼎立期间，分属吴、魏二国。西晋建国初，江南复属扬州，江北复属徐州。东晋及南北朝时期，全省大体上以淮河一线为界，以南属南朝，以北属北朝。

隋统一全国后，境内分置苏州、常州、蒋州（今南京）、润州（今镇江）、扬州、方州（今六合）、楚州、邳州、泗州、海州和徐州。唐分全国为十道，江苏分属河南道、淮南道及江南东道。

北宋政和元年（1111），分属江南东路、两浙路、淮南东路、京东东路和京东西路。

元代实行行省制，江苏先后分属江淮行省、江浙行省、河南行省。

明初定都应天府（今南京），今江苏范围内先后称为南京、京师，明成祖迁都北京后，复称南京，大致辖有今江苏、安徽两省和上海市。

清初废南京，以南京原辖区域改设江南省。康熙六年（1667），析江南省为江苏、安徽两省，两江总督署驻南京，江苏巡抚衙门驻苏州。这是江苏建省之始，系取江宁、苏州二府的首字而得名，简称“苏”。

1927 年，国民政府定都南京，析置南京、上海为特别市，直隶国民政府。

1949 年 6 月，江苏全境解放，设苏北、苏南行署区及南京市 3 个省级行政区。1953 年 1 月，3 个省级行政区合并，恢复江苏省建制，省会设在南京。1983 年，江苏实行市管县体制，设南京、无锡、徐州、常州、苏州、南通、连云港、淮阴（2001 年更名为淮安）、盐城、扬州、镇江 11 个市。1996 年，增设泰州、宿迁两个市。

截至 2016 年，江苏省共辖 13 个地级市、21 个县级市、20 个县、55 个市辖区，县（市）中包含昆山、泰兴、沭阳 3 个江苏试点省直管县（市）。

第二节 自然地理

一、地理概况

江苏，简称“苏”，省会南京，位于中国大陆东部沿海地区中部，长江、淮河下游，东濒黄海，北接山东，西连安徽，东南与上海、浙江接壤，是长江三角洲地区的重要组成部分。地跨东经 116°18′～121°57′，北纬 30°45′～35°20′，面积 10.72 万平方千米。

二、地形概貌

江苏地势平坦，平原辽阔，河湖众多，水网密布。平原面积约占全省总面积的 68.9%，主要由苏北黄淮平原和长江三角洲平原组成，其高程大部分在 50 米以下。低山、丘陵岗地面积约占全省总面积的14.3%，南北错落分布。全省最高峰——连云港云台山玉女峰的最高点高程为 624.4 米。

三、水文特点

江苏省地处江淮沂沭泗下游，水域面积占全省面积的 16.8%。列入省湖泊保护名录的重要湖泊 137 个，太湖、洪泽湖居全国五大淡水湖第三、四位。列入省骨干河道名录的重要河道 727 条，长江横穿东西，运河纵贯南北。

四、气候条件

江苏属于温带向亚热带的过渡性气候，气候温和，雨量适中，四季气候分明，以淮河、苏北灌溉总渠一线为界，以北属暖温带湿润、半湿润季风气候，以南属亚热带湿润季风气候。

五、自然资源

全省土地面积 10.72 万平方千米，占全国 1.11%，人均国土面积在全国各省区中最少。全省农用地6.51万平方千米，其中耕地4.58万平方千米。江苏人多地少，土地负载率、产出率较高，人均土地面积、耕地面积均远低于全国平均水平。

江苏地处华北地台和扬子地台两大地质构造单元。全省矿产资源主要表现为“三多三少”：矿产种类多，人均储量少；小型矿多，大型矿少，中小型及以下矿产地占总数的82%；非金属矿多，金属矿少。矿产资源主要分布在苏南和苏北，苏中仅占2%。

江苏位于我国沿海中部，地处江淮下游、黄海之滨，是我国重要的沿海省份之一。海岸带地处北纬31°33′~35°07′，海岸线北起苏鲁交界的绣针河口，南抵长江口。全省大陆海岸线长734.837千米，河口岸线长154.108千米，岛屿岸线长84.744千米。江苏海域包括内水、领海和毗连区，面积约为3.75万平方千米。

截至2015年年底，全省林木覆盖面积2.31万平方千米，林木覆盖率22.5%，活立木总蓄积9000万立方米。全省有国家森林城市5个，分别是无锡市、扬州市、徐州市、南京市、镇江市。

第三节　灿烂文化

一、教育科技

南朝时，南京在宋元嘉十五年(438)建立儒学馆、史学馆、文学馆和玄学馆，并分专业招生，是中国教育史上的创举。梁武帝时编辑的《千字文》是世界教育史上最早的识字课本。江苏最早建立的茅山书院，是北宋时期全国六大书院之一。明清时期，江苏教育水平臻于极盛。明代南京国子监规模超过北京国子监。在代表古代教育最高水平的进士科考试中，江苏明代取中的进士占全国的11.84%；清代取中的进士约占全国的11.1%，高居全国第一位。明代全国取中状元89人，其中江苏籍17人，占总数的19.1%；清代全国取中状元112人，其中江苏籍49人，占总数的44%。

吴越时期，青铜器制造技术水平已经非常高超，著名的干将剑就出自吴国工匠干将、镆铘之手，“吴钩”更被后来誉为举世无双的锐利武器。东汉末年的华佗在徐州行医时创用“麻沸散”，为世界上最早的麻醉剂。东晋葛洪用狂犬脑组织治疗狂犬病，是现代免疫学的萌芽，同时炼成80多种丹药，被后世尊为化学制药的鼻祖。南朝祖冲之在世界数学史上第一次将圆周率值计算到小数点后六位，比欧洲早 1100 年。中国古代的“五大农书”有两本为江苏人所写，即宋代陈旉《农书》和明代徐光启《农政全书》。明郑和七下西洋的海船，多由南京龙江宝船厂建造，船上装有罗盘导航，是当时世界上最先进的海船。金坛名医王肯堂的《证治准绳》集医学之大成，与同时期的《本草纲目》《景岳全书》并称明代三大医学杰作。其他诸如沈括、黄道婆、蒯祥、徐霞客，以及近代的华蘅芳和徐寿、徐建寅父子，现代的李四光、童第周、竺可桢、吴有训、周培源，当代的陈永康、张钰哲、熊毅、赵金科、杨廷宝等科学家，均在各自领域创造出辉煌的业绩。

二、历史人物

江苏地处中国东部沿海地区，自然条件优越，气候温和，雨量适中，长江、淮河横贯东西，京杭大运河纵贯南北，物产富饶，是中国古代文明的发祥地和开发较早的地区之一。数千年来，众多俊彦之士，伴随着沧海风云、桑田雾雨，聚首在江苏这片广袤的沃土上。这里相继涌现出一大批政治家、军事家、科学家、实业家、文史学家、艺术家和能工巧匠等，为中华民族的发展做出了重大贡献。

江苏古代历史上名人辈出、灿若繁星。政治家、军事家有孙武、伍子胥、刘邦、项羽、韩信等，科学家有祖冲之、沈括、徐光启、徐霞客等，文学家有刘勰、李煜（南唐后主）、范仲淹、秦观、范成大、施耐庵、吴承恩、曹雪芹、吴敬梓、冯梦龙、刘鹗等，艺术家、书画家有顾恺之、张旭、米芾、唐寅、文徵明、祝枝山和以郑板桥为代表的“扬州八怪”，还有思想家顾炎武等。《水浒传》《西游记》《红楼梦》《儒林外史》等古典名著均出自江苏籍作者之手或与江苏有关。

近代和当代著名的科学家有华罗庚、周培源、茅以升、钱伟长等，文化名人有柳亚子、朱自清、叶圣陶等，著名书画家有徐悲鸿、刘海粟、傅抱石、吴冠中、钱松喦、林散之等，著名表演艺术家有梅兰芳、周信芳、赵丹等。老一辈无产阶级革命家周恩来、张太雷、恽代英、瞿秋白等都是江苏籍人。张謇、荣宗敬、荣德生、刘国钧等著名实业家，均为我国近代民族工业的重要创始人。

三、文学成就

西汉淮阴（今淮安）枚乘是汉大赋的开山祖师，被后人推崇为“文章领袖”。南北朝时期，生于京口（今镇江）的刘勰完成了中国第一部系统文艺理论巨著

《文心雕龙》。盛行于梁、陈间的宫体诗，追求声律上的和谐美与韵律上的回旋美，对唐代律诗的形成有重要影响。唐江都人张若虚的《春江花月夜》韵律和谐婉转，被闻一多称为“顶峰上的顶峰”。南唐后主李煜因其词作极富感染力，被后人尊为“词圣”。长篇小说《水浒传》《西游记》《红楼梦》享誉世界，和它们并称中国四大古典名著的《三国演义》，也与江苏有割舍不断的联系。近代以来，则有朱自清、叶圣陶、钱锺书等著名文学家。

四、美术戏曲

江苏绘画艺术以山水画、水印木刻画和水彩水粉画见长，此三者被称为“江苏三水”。东晋无锡顾恺之善画人物，尤善点睛，有“画绝”之称。陆探微“一笔画”，与顾恺之并称“顾陆”，号为“密体”。梁吴县（今苏州）张僧繇擅作壁画，成语画龙点睛就与他有关，其人物画号为“张家样”，与吴道子并称“疏体”。唐吴县（今苏州）张旭运笔纵横捭阖、连绵回绕、气势夺人，世人尊之为“草圣”。晚唐吴县（今苏州）杨惠之创“塑壁”新技法，被称为“塑圣”。常熟黄公望、无锡倪瓒和王蒙、吴镇并称元代山水画四大家。清代江苏著名画家有王时敏等“四王”、龚贤等“金陵八家”、郑燮等“扬州八怪”。近现代则产生了以吴大澂、吴湖帆、徐悲鸿、刘海粟、陈之佛、李可染、傅抱石、吴冠中、钱松喦、林散之等为代表的一批书画艺术大师。

江苏戏曲艺术传统深厚，品种繁多，名家迭出。全省各地在历史上产生过大小曲种50余种，现尚存20余种。“昆曲”是中国最古老的剧种之一，被誉为“百戏之祖”，2001年被联合国教科文组织列为“人类口述和非物质文化遗产代表作”。入选国家级非物质文化遗产名录的有：苏州评弹（苏州评话、苏州弹词）、扬州评话、扬州弹词、扬州清曲、徐州琴书、南京白局。近代著名京剧艺术家梅兰芳祖籍江苏泰州，为“四大名旦”之首。

五、音乐舞蹈

江苏素有“二胡之乡”的美誉，“江南丝竹”是最富代表性的民间音乐，二胡演奏曲《二泉映月》是其中的代表作。古琴艺术在全国具有突出地位，先后形成常熟虞山琴派、扬州广陵琴派、南京金陵琴派等重要的地方性音乐流派。全省流传下来的民歌有12800余首，收入《江苏民歌集成》1399首，苏南民歌《好一朵茉莉花》、苏北民歌《拔根芦柴花》广为流传。

江苏民间舞蹈种类拥有秧歌舞、花鼓舞、龙舞、狮舞、灯舞、傩舞、高跷等，具有突出的文化内涵和鲜明的地域特点，具有代表性的有70多个品种、1600多个舞蹈，已入选国家级非物质文化遗产名录的有：高淳的东坝大马灯、邳州跑竹马、溧水的骆山大龙。

六、饮食建筑

苏菜是中国八大菜系之一，主要由扬州、南京、苏州、无锡、徐州等地方风味构成，味正醇和。扬州菜又称维扬菜或淮扬菜，南京菜旧称京苏大菜，苏州菜古称吴菜。饮品主要为茶和酒两大类，茶文化集中于苏州地区。清代袁枚编有专著《随园食谱》。

江南以石拱桥最多见，始建于唐代的石拱桥苏州宝带桥是我国现存的古代桥梁中最长的一座多孔石桥，2001年被列为第五批全国重点文物保护单位。周庄、同里、盛泽等江南古镇，风格独特。南京明城墙，周长37.65千米，是中国古代最大的砖城，比当时的巴黎城大一倍。春秋战国时期，园林已在江苏萌芽，私家园林最早诞生于魏晋南北朝时期的苏州，佛教传入中国后出现了寺观园林。唐宋时期，江苏园林已很繁荣，明清时达到很高的艺术境界，其精巧秀丽的风格、虚实动人的意境、诗画般的艺术手法令人赞叹。

第四节 风土人情

一、民俗风貌

长江把江苏全省分割为南、北两部分，大体上南部以稻作农业为主，北部以旱作农业为主。不同的地理环境与历史文化，造就了江苏同中有异的民俗风貌。同样是武，江北叱咤风云，惯于披坚执锐，冲锋陷阵；江南睿智儒雅，长于运筹帷幄，决胜千里。同样是文，江北汉赋称雄于前，写得巨丽壮美，气势恢宏；江南散文、诗词闻名于后，写得精致缠绵，气韵生动。同样是小说，江北长篇的成就远胜于短篇，题材常为广阔的社会，人物形象多是英雄豪杰；江南短篇的成就远胜于长篇，题材常为爱情、家庭，人物形象多是才子佳人。农商事业方面，江北人重农事，安土重迁，淳朴可爱；江南人重工商，缫丝织布，心灵手巧。饮食习惯方面，江北人口味偏辛辣，好饮酒；江南人口味偏甜，嗜品茶。游艺习俗方面，江北注重观赏性、娱乐性的同时，也重视功利性；江南则注重观赏性、娱乐性。

二、方言特点

全省分为3个方言区，即江淮方言区、吴方言区、北方方言区。江淮方言区分布于南京、扬州、镇江、淮安、盐城，以及南通、连云港两市的一部分。吴方言区分布于苏州、无锡、常州，以及南通、镇江、南京三市的一部分。北方方言区分布于徐州，以及连云港、淮安、宿迁三市的一部分。

三、民间节日

江苏传统节日文化富有鲜明的地域特色，苏州端午习俗、南京秦淮灯会、姜堰溱潼会船分别是代表中国民族传统节日端午节、元宵节和清明节等极具地域特色的文化习俗，被列入国家级非物质文化遗产名录。目前，江苏仍然比较活跃、列入省级非物质文化遗产名录的庙会有：南京地区祠山庙会、妈祖庙会、薛城花台会，苏州“轧神仙”庙会，无锡泰伯庙会、惠山庙会，镇江金山寺水陆法会、华山庙会、九里季子庙会，徐州子房山庙会，宿迁皂河庙会等。

【思考题】

1. 结合实际，谈谈江苏省情具有哪些地域特点。

2. 如果您是江苏人，请列举您家乡所在地出过的著名人物，以及他们的成就。

3. 江苏人民在历史长河中创造了光辉灿烂的文化，具体表现在哪些方面？

（许远旺）

第二章
职业道德

【阅读提示】

通过本章的学习，了解道德、职业道德、公务员职业道德、行政伦理等概念及相关基本知识，熟悉新时期我国职业道德规范的主要内容和要求，理解公务员加强职业道德建设的重要意义及用行政责任来考量行政伦理的理论框架，掌握公务员加强职业道德建设的具体内容，提升行政人员走出行政伦理困境的能力。

第一节　职业道德概述

一、职业、道德及职业道德

（一）职业

职业一词属于历史范畴，职业的形成和发展是以社会的发展与分工为基础的。职业发展是人类社会发展的产物，人类社会发展的根本动力来源于社会生产力的发展，而社会生产力的发展又离不开社会的发展。具有历史意义的三次社会大分工分别是：第一次社会分工是畜牧业从农业中分离出来，由此产生了农民和畜牧业者；第二次社会分工是手工业从农业中分离出来，并逐步演变成我们今天的工业，有了工人和手工业者；第三次社会分工是商业的出现，出现了专门从事产品交换的中介群体。三次社会分工促进了生产力的巨大发展，在不断发展的过程中又分离出了体力劳动和脑力劳动、物质产物和精神产物等。

因此，我们在这里对职业做出如下定义：职业是指人们在社会生活中所从事的，以获得物质报酬作为自己主要生活来源并能满足自己精神需求的，在社会分工中具有专门技能的工作。

（二）道德

《道德经》曰：“道生之，德畜之，物形之，势成之。是以万物莫不尊道而贵德。道之尊，德之贵，夫莫之命而常自然。”其中，“道”是指自然运行与人世共通的真理；“德”是指人世的德性、品行、王道。道，本义指道路，人之所行所履之地也，是实现某种目的的方法、路径及必然性。德，本义是“得”、得到，是指一个人内在蕴含的必然方面的所“得”，而作为二者结合的道德则可认为是遵从“道”而成“德”。

现代意义上来说，道德是指依附于一定的经济基础而存在的，包含道德意识、道德规范在内的一种社会意识，依靠内心信念中的好坏、是非、对错等评价体系来调节个人与自我、他人、社会和自然界之间关系的行为规范的总和。简单地说，道德就是教会我们为人处世的行为准则和规矩。道德是自觉的，只有当正确的社会道德准则被自觉地接受时，才能转化为生产力并为人们所用，产生社会价值。

（三）职业道德

恩格斯在《马克思恩格斯选集（第 4 卷）》中提出：“每个阶级，甚至每一个行为，都各有各的道德。”所谓职业道德，就是指从事一定职业的人，在工作或劳动过程中所应遵循的与其职业活动紧密联系的道德规范的总和，体现为行为准则、行为要求、道德责任和道德义务等。它既是对本职业人员在职业活动中行为的要求，又是职业对社会所承担的道德责任和义务。

二、职业道德的形成与发展

职业道德是社会发展的产物，其形成和发展遵从着时间的脉络，并随着社会化进程的不同和生产力的进步而不断发展完善和优化。

（一）原始社会的职业道德

原始社会是职业道德开始萌芽的阶段，处于职业道德的初生期。原始社会的生产力非常落后，社会分工仅仅停留在男人和女人之间的两性分工。人类尚处于从动物向人类过渡的阶段，对职业并没有过多的关注，因而也没有产生相应的职业道德。当社会发展到原始社会末期，开始出现了第二次社会分工，纺织业、金属加工业等手工业从农业中分离出来。两次社会化的大分工，形成了以手工业、农业、畜牧业为主的原始社会。生活方式的不同形成了不同的职业实践，而不同的社会实践则衍生出了不同的职业文化和职业责任，自此作为调节人们职业行为的职业道德便开始萌芽。原始社会的道德主要表现在人们的日常生活习惯和风俗习惯中，并经由人们的代代相传而得以延续和保存。

（二）奴隶社会的职业道德

奴隶社会是第三次社会化大分工的重要阶段，也是比较完整的职业道德形成的重要阶段。生产领域的社会分工促进了劳动生产率的提高和商品交换的不断扩大，而生产的剩余也推进了私有制的产生和阶级的分化，并由此产生了国家。在商业分离的同时，脑力劳动和体力劳动也开始出现了分离。不同阶级从事不同种类的职业，奴隶社会调节阶级关系的阶级道德也由此产生，进而逐步演变成调整职业关系的职业道德。在奴隶社会中，职业道德是不同阶级的道德在其日常生活中的体现，并被不同的阶级用于规范本阶级的行为准则。由于阶级关系的不对等，奴隶的职业道德在一定程度上被扭曲和忽视，因而，奴隶社会的职业道德主要是指奴隶主和自由民的道德，奴隶的道德则表现在生产劳动中对奴隶主的不满、反抗，以及为自由抗争的精神之中。

（三）封建社会的职业道德

随着三次社会化分工的完成，职业道德在封建社会得到了进一步的发展。在封建社会中，农业在国家经济中占支配地位。一方面，农民的职业道德更多地表现在其为了反抗封建统治阶级的压迫而做斗争、要求平等、吃苦耐劳等优秀的职业道德上。另一方面，由于生产方式的局限和思想的狭隘，农民的职业道德又表现出懒散、狭隘和保守的消极一面。虽然职业道德在封建社会中得到了一定的发展，但由于封建社会森严的等级制度，因此职业道德受到了很大程度的束缚。此外，“世袭相传”或者“父子相传”及“传男不传女”等封建思想，使职业道德多半限制在家庭式的消极传统中。

（四）资本主义社会的职业道德

18 世纪中后期，欧美等资本主义国家进行了两次产业革命，用机器化大生产代替了工厂手工业。随着科学技术的发展和生产力的提高，社会分工和生产结构越来越细化，出现了工程师、新闻记者等新兴职业，也推进了传统的农业、工业、商业等行业的发展。在这一阶段，职业道德得到了迅速的发展。但是，由于资本主义的阶级限制及其利己主义的核心，资本主义社会的职业道德仍然存在很大的弊端和局限性。

（五）社会主义社会的职业道德

中华人民共和国成立后，我国建立了以生产资料公有制为主体、多种所有制经济共同发展的社会主义经济制度，而社会主义社会的职业道德则是在这种公有制的经济基础上形成和发展的。在这样的经济基础上，人与人之间形成了互相帮助、团结友爱、共同努力的职业关系。各种职业之间的根本利益是一致的，只有具体职业的不同分工，而没有等级上的高低贵贱之分。但根本利益的一致性并不代表各种职业之间就没有矛盾，社会主义的职业道德就是用于解决这些矛盾的重要工具。我国目前处于并将长期处于社会主义初级阶段，也是社会主义市场经济的重要发展阶段。经济全球化的进程加快和对外开放程度的不断提高，都给社会主义的职业道德带来了巨大的挑战，我们必须同各种各样、参差不齐的腐朽思想及道德观念做斗争。

三、职业道德的特点

随着我国社会主义市场经济的发展，职业道德也进入了一个崭新的发展阶段，除了具有道德范式下的一般特点外，还具有其自身的特性。

（一）多层性和多样性

经济基础决定上层建筑，我国社会主义初级阶段的经济制度是以公有制为主体、多种所有制经济共同发展，因而与此相适应的职业道德也必将是适应多种所有制经济共同发展的多层次的职业道德。只有将具有特殊性和普遍性的各行各业的职业道德结合起来，才能促使职业道德与经济基础相适应。

从职业道德的种类来看，2015 年版《中华人民共和国职业分类大典》中将我国职业归为 8 个大类，75 个中类，434 个小类，1481 个细类（职业）。据不完全统计，全球职业可以细分为 43000 多种。不同种类的职业，其职业道德也各不相同。从职业道德的形式上来看，不同的职业种类会采取不同的职业道德表达形式，例如制度、誓言、规则、标志物、规章、条例等。

（二）职业性和广泛性

不同职业的职业道德来自于不同的职业生活，不同的职业在生活中拥有不同的职业特点、职业关系和职业利益等，因而不同的职业生活对应着不同的职业道德，例如学生热爱学习，教师育人为乐等。职业性的特点也表现在职业道德的调节范围上，职业道德主要用来调节与该职业相关的人员，既调节着同一职业人员的内部关系，也调节着职业对象之间的关系。

从具体内容来看，职业道德具有很强的职业性，表现了某一职业在职业责任、权利义务等方面的差异。与此同时，职业道德也会渗透从业人员职业生活的方方面面，并伴随着从业人员的一生。随着职业的更换，不同职业的职业道德可能会存在于同一个从业人员身上，这就使得同一个从业者可能拥有不同的职业道德，体现出职业道德的广泛性。

（三）时代性和先进性

任何一个时代，职业道德都在一定程度上反映了本时代的社会要求。当代的职业道德是建立在社会主义初级阶段基础上的职业道德，是建立在共同富裕基础上的职业道德，是建立在全体人民根本利益一致基础上的职业道德，是真正为人民利益服务的职业道德，是地位平等的、共同服务于社会主义现代化建设事业的先进的职业道德。

（四）稳定性和开放性

职业道德的稳定性不是指其在历史范畴中是稳定的，而是相对于职业活动的表现形式和一般的社会道德而言的。随着生产力的发展，国家和社会在不断变化，从业人员的职业活动也在不断变化。但是，特定的活动对象、相对稳定的活动内容和类似的劳动方式使从事同一行业的从业人员形成了独特的职业意识、职业权益、职业传统和职业习俗等，其统一表现为职业道德。职业道德的开放性是指不同性质的国家在职业道德的建设过程中，都应该坚持互利互惠、共同进步的原则，抛开国家性质的限制，对他国的职业道德，取其精华、去其糟粕，建设适合本国实际情况的职业道德。同时，职业道德也会从新的社会实践中汲取养分，在新职业的产生和社会的前进中不断补充和发展，充分展现职业道德的开放性。

四、职业道德建设的必要性和原则

（一）职业道德建设的必要性

1. 职业道德意识缺位

（1）服务意识欠缺。缺乏服务意识的人，会表现出“以自我为中心”的自私自利的价值倾向，把利己和利他从根本上对立起来，认为只有通过不正当的方式才能满足自己的需求。缺乏服务意识的人越多，社会越不和谐。我们应该在后天的教育和训练中不断提高自我的服务意识、在学校的专业学习中建立服务意识、在个人的日常生活中培养服务意识，只有这样，服务意识才能完全融入我们的职业道德。

（2）责任意识缺乏。相关的研究表明，在生产管理过程中，一个员工如果缺乏相应的专业技能可以通过认真的学习而掌握，但如果他对分内的工作缺乏责任意识，对待工作心态不好，则是很难取得进步的。我们只有加强职业道德中责任意识的培养，从每一件小事做起，勇于承担工作中的责任，不断地追求卓越，才能取得职业的成功。

（3）团队精神不足。社会生产力的高度发展推进了社会分工的高度分化，现代社会分工越来越精细，生产和服务仅仅依靠一个人或者一部分人很难完成，只有各个部门及其工作人员通力合作才能顺利完成工作任务。在日常的工作生活中，我们应该自觉培养团队意识，积极参加团队精神的合作训练，增强团队成员的责任心，形成互帮互助、共同进步的团队精神。

2. 职业道德的作用

（1）职业道德对个人的作用

在社会主义市场经济体制下，加强职业道德的教育与学习，可以使机关、企事业单位的工作人员在社会主义职业道德理论的指导下，继承中华民族几千年的优秀职业文化传统，借鉴吸收世界各国道德建设的成功经验，从而促进个人职业道德水平的提升，积极投身社会主义建设的伟大事业之中。

首先，职业道德能够促进个人干好本职工作。职业道德是一个人关于职业的整体道德素质的体现，是个人做好本职工作的重要保证，对个人的事业发展具有重要的意义。其次，职业道德能够提高个人的道德素质。道德素质的各个构成部分拥有内在的同一性，在一定场合下能够相互影响、互相转化。一个人如果在面对职业的时候能够做到爱岗敬业、诚实守信、奉献社会等，那么他在日常生活中也经常会表现出尊老爱幼、爱护公物、见义勇为的优秀社会公德，在个人生活中往往也会心地善良、光明磊落。最后，职业道德有利于建立和谐的人际关系。我们每个人的生活和工作都与其他人及整个社会息息相关，我们在生活中所感受到的服务水平取决于服务提供者的职业道德素质的高低，只有当处于社会中的服务提供者的职业道德不断提高，整个社会对职业道德的认同度才能提高。职业道德有利于调节人与人之间的关系，促进和谐、融洽的人际关系的形成和发展。

(2) 职业道德对社会的作用

首先,职业道德有利于规范行业行为,是对社会道德的进一步细化。职业道德根据各行各业活动的不同特点,提出针对不同行业的具体要求,并细化为一定的行业行为和规范,体现在日常的职业活动中。这样,职业道德的调节范围更加广泛,效用也更加明显。职业道德通过提高职业人员的素质来规范各行各业的职业行为,为社会主义市场经济建设提供了强大的精神支撑。其次,职业道德有利于促进行业的发展。行业的进步或落后,取决于该行业经济效益的高低,经济效益越好,行业发展速度越快。行业的经济效益的好坏在相当程度上与该行业为社会提供服务质量的高低密切相关。最后,职业道德有利于提高全社会的道德水平。从社会来看,职业道德有利于促进社会道德风尚和精神文明建设,能够调节职业关系、维护社会正常秩序的发展。当全社会每个行业中的每个从业人员都具备优秀的职业道德,全社会的道德水平将取得巨大的进步。

(二)职业道德原则

1. 基本原则:职责

职责是指从事某种职业所应当承担的责任,是被该职业所要求的必须承担的属于特定角色的责任。责任和义务分属于不同的伦理学范畴,它是一种特殊的义务,是被强制执行的义务。通俗来讲,就是从业者不仅"应该"承担这一义务,而且"必须"承担这一义务,如果没有正当地对待这一义务则可能面临遭受惩罚的风险。

在工作中,自觉地承担某项职业的基本义务,严于律己,以为社会服务的心态来完成工作职责,对自己的工作恪尽职守,就是我们所说的敬业。敬业,在根本上是对人本身的敬重。在敬业的基础上的职责是职业道德中应该遵从的最基本的原则。

2. 核心原则:为人民服务

为人民服务是社会主义职业道德的核心原则,国家利益、集体利益和个人利益在根本上是一致的。为人民服务是中国共产党的根本宗旨,贯穿在社会主义建设的方方面面,具有深刻的社会影响力和现实意义。

为人民服务既是社会主义职业道德的目的,也是职业道德建设的手段,渗透社会主义道德建设的各个方面。人民既是权利和义务的主体,也是权利和义务的客体,为人民服务主要表现在一切从人民利益出发,这就要求我们在处理任何问题时,都应该把群众放在最重要的位置,为人民着想,坚持人民的利益高于一切，造福人民，为人民谋取幸福；将为人民服务的原则踏踏实实地贯穿于为人民服务的过程中去，努力发挥为人民服务的匠人精神，从我做起，从现在做起，从小事做起，在自己的工作岗位上自觉、主动、积极地践行为人民服务的原则。

3. 建设原则：集体主义

集体主义作为社会主义职业道德的基本原则，是处理个人利益和整体利益的根本准则，是调整人们相互关系的各种规范要求的最基本的出发点和指导原则。社会主义的集体主义是从无产阶级的根本利益出发，处理个人与集体、个人与社会之间的关系，强调无产阶级的集体利益高于个人利益，要求个人利益服从集体利益、眼前利益服从长远利益、局部利益服从全局利益。首先，集体主义要求人们要为社会集体利益的发展做出自己的贡献，集体主义原则尊重劳动者正当的个人利益，尊重劳动者个人才能的充分发挥。其次，集体主义通过重视个人正当利益，激发人的活力与创造性来体现。社会主义市场经济是一种竞争的经济，在个人的正当利益得到不断实现与发展的同时，也能够促进集体财富的不断增长。

第二节　职业道德规范

职业道德规范是从业人员处理职业活动中各种关系、矛盾的行为准则，是从业人员在职业活动中必须遵守的道德规范。中共中央颁布的《公民道德建设实施纲要》中提出：“要大力倡导以爱岗敬业、诚实守信、办事公道、服务群众、奉献社会为主要内容的职业道德，鼓励人们在工作中做一个好建设者。”

一、爱岗敬业

（一）爱岗敬业的含义

爱岗敬业，通俗来讲就是热爱自己的岗位，敬重自己的职业，做到干一行、爱一行、专一行。爱岗敬业是“爱岗”和“敬业”两方面要求的结合。爱岗，就是应该热爱自己的本职工作，安心、稳定、持久地在职业天地中耕耘，恪尽职守地做好本职工作。敬业，则是指对所从事的职业怀抱敬意。敬业是一种素质，是一种内在的人格品质，用认真、严肃和努力的态度对待自己所从事的职业，努力做好本职工作，并从圆满完成工作中获得内心的充实感和成就感。爱岗敬业作为最基本的职业道德规范，是对人们工作态度的一种普遍要求。

在我们的日常生活中，大多数从业人员的工作岗位都是平凡的。工作岗位只有职业的区别，并无高低贵贱之分。爱岗敬业是每个人都应该具备的职业精神。只有把工作当成自我实现的重要方式并享受本职工作的人，才是爱岗敬业的人；只有热爱自己的岗位，才能在平凡的岗位上做出不平凡的成就。当现实生活中出现职业与自己的爱好相矛盾的情况时，只有发扬“干一行，爱一行”的爱岗敬业精神，才能干好本职工作。

（二）爱岗敬业的要求

1. 热爱本职工作

每一份工作，不论平凡还是特别都值得我们去热爱，值得我们全身心地投入。只有在内心深爱本职工作，才能积极面对工作中的各项任务和挑战，从而顺利地实现工作目标。因此，热爱本职工作是爱岗敬业的基础和前提。

2. 树立职业目标

职业目标是指从业人员对本职工作的规划，以及对未来所能达到的理想程度的期望。职业目标分为三个层次：初级职业目标是通过工作获取生活收入和生活资料，劳动是谋生的手段，工作的目的是为了维持自己和家人的生存；中级职业目标是希望从事适合个人能力和爱好的工作，以充分发挥并提高自己的各种素质，即寻求和从事能够发挥专长的职业；高级职业目标是指人们工作的目的是实现自我的价值，将工作和自己的人生、整个社会联系起来，承担社会责任，履行社会义务，实现社会价值。

3. 提高职业技能

社会经济的发展对每个工作岗位都提出了更高的要求。提高职业技能就是提升自己的专业技术和业务水平，刻苦学习、努力钻研自己的本职工作。科学家需要提高科研水平，医生需要提高医疗水平，军人需要提高作战能力等，都是对自我职业技能水平的提升。业精于勤而荒于嬉，只有不断提升自己的职业技能，才能胜任本职工作，做到真正的爱岗敬业。

二、诚实守信

（一）诚实守信的含义

诚实是指忠诚老实，不说谎、不做假，不欺骗别人；守信是指遵守承诺、讲信用,答应了别人的事一定要做到。诚实守信是社会主义新时期的社会需要,是为人之本、从业之要,是社会主义市场经济对道德建设的一个重要要求,是提高人们的思想品德素质、改善社会风尚、保障经济秩序良性运行的重要原则。加强诚信建设,已经日益成为我国经济、政治、文化和社会健康发展的重要保障。

（二）诚实守信的要求

1. 树立诚信的道德观念

树立“以诚实守信为荣,以见利忘义为耻”的道德观念,一个人、一个社会、一个国家都应该遵守诚实守信的道德观念,并以诚实守信为荣。只有树立以诚实守信为荣的社会主义道德观念,才能推进社会的长久发展。

2. 忠于所属单位

忠于所属单位在日常的生活中表现为努力工作,提高工作效率和工作质量,关心单位发展,积极参与单位的日常事务,为单位发展贡献自己的力量。在处理与单位相关的事务时,坚持单位利益高于个人利益,自觉维护单位的形象和信誉,在遵守国家法律、法规的前提下,保守单位的秘密,提高单位的竞争力,推进单位的发展。

3. 遵守契约

现代社会,人们常受到各种“枷锁契约”的约束和规范。契约精神从本质上说是一种尊重规则和重视规则的意识,是一种对自己和对别人负责的态度和强烈的责任感。确立了正式契约之后,就应该诚心诚意、一丝不苟地履行契约,爱惜自己的名誉,重视诚信。遵守契约精神,不仅是职业道德要求的义务,而且是法律规定的责任。

三、办事公道

（一）办事公道的含义

办事公道是建立在爱岗敬业和诚实守信的基础上对职业道德规范的更高要求,是从业人员必须坚持的工作原则。每个人在社会生活中都希望被公平对待,因此人们在处理各种社会事务的时候应该坚持办事公道的原则。办事公道是各项工作能够正常运行的重要保证,坚持办事公道,有利于抵制行业的不正之风,提升单位的核心竞争力。只有始终坚持办事公道,才能保证社会秩序稳定健康地运行。

（二）办事公道的要求

1. 热爱真理、追求正义

真理是指人们对客观事物及其规律的正确反映，坚持真理就是坚持实事求是的原则。办事是否公道，主要取决于一个人用什么样的标准来衡量问题，办事公道就是办事情、处理问题要合乎公理、合乎正义，在大是大非面前能够立场坚定。如果一个人办事不坚持真理，或者其坚持的不是真理而是错误的观念，则很难做到办事公正。只有在实践中热爱真理、坚持真理，努力改造自己的世界观，敢于指出和修正自己的错误，同错误的思想和行为做斗争，追求公平和正义，才能将真理和正义融入自己的潜意识，在处理与职业相关的问题时才能真正做到办事公道。

2. 坚持原则、公私分明

只有在处理事务时坚持原则、公私分明才能做到办事公道。没有原则就没有公道可言，如果在处理事务时，只讲人情、讲关系而不讲原则，就严重背离了职业道德规范。公私分明是一种社会美德，是正确处理个人与集体、个人与社会关系的基本要求。公私分明在实际中的表现就是指不能凭借自己手中的职权谋取个人私利，损害集体利益和他人利益。坚持公私分明要求我们从日常生活中的细微之处入手，通过劳动的过程正确认识公与私的关系，养成集体意识，尊重国家利益，促进个人利益、集体利益和国家利益的共同发展。

3. 照章办事、公平公正

规章制度是维持各行业正常运行的工具，是办事公道的集体体现，照章办事表现为在处理事务时，按照规章，对所有的对象一视同仁，做好本职工作。公平公正是我们应该普遍遵守的职业道德，虽然不同的职业有着不同的要求，但公平公正对于每一个职业来说都是难能可贵的。在现实的职业生活中，照章办事、公平公正是指按照原则办事，根据本职业的特点不偏不倚地秉公行事；处理事务合情合理、不徇私情，积极捍卫集体利益和国家利益。

4. 清正廉洁、光明正大

清正廉洁是中华民族的传统美德，廉洁在现代社会的现实意义就是不能借职务之便谋取私利，不能为了牟取个人利益而损害集体利益和国家利益。拿人的手短、吃人的嘴软，收受了别人的好处就受制于人，做事就不能坚持公道，只有不贪图私利，才能做到光明止大。光明正大是做人的高尚品质，一个光明正大的人敢于坚持实事求是的原则，说老实话、做老实人、办老实事，能够将集体利益和国家利益放在个人利益之上，坚持原则，言行一致，表里如一，当面对来自职业的不公道挑战时不怕挫折，勇于承担失败的风险和责任。

四、服务群众

（一）服务群众的含义

服务群众体现在工作之中就是为各种各样的服务对象提供全心全意的服务，是职业道德要求的基本内容。服务群众就是要做到一切以人民群众的利益为出发点和归宿，将人民群众的利益放在首要位置。社会主义职业道德中的服务群众指的是职业和人民群众的关系，不论我们从事什么样的职业，只有工作种类、工作形式和工作对象的不同，为人民服务的本质都是一样的。因此，不管在什么岗位上，都应做到服务群众。

（二）服务群众的要求

1. 树立全心全意为人民服务的思想

人民群众是历史的主体，是历史的创造者，是社会变革的最终决定力量。要做到全心全意为人民服务，首先要树立全心全意为人民服务的思想观念，只有树立正确的服务群众的人生观、世界观和价值观，才能将服务群众的理念融入日常的工作。只有心里装着群众，才会主动深入群众，真心与群众交朋友、结情缘，用心为群众办实事、谋利益，才能始终站在维护人民群众根本利益的立场上，才能真正做到服务群众。每一个从业者都应该树立全心全意为人民服务的思想，为群众办实事、办好事、办人民真正满意的事，实现自我的价值。

2. 提高为人民群众服务的本领

从业人员要提高服务群众的能力和水平，自觉履行职业责任，发挥服务社会的职能。医生只有提高自己的医术才能治病救人，教师只有提高自己的教学水平才能教书育人，行政人员只有提高自己的职业本领才能服务群众。在提供服务的过程中，从业人员要不断提高服务能力、转变服务态度、改进服务方法，做到热情周到、方便群众、文明服务，从而掌握优秀的专业技能，履行服务群众的责任和义务。

3. 自觉接受人民的监督

服务群众不仅要做到热情周到地为人民提供服务，更应该自觉地接受人民的监督。在提供服务的过程中,难免会出现让人民群众不满意的地方,也会有发生工作疏忽的时候,只有虚心地接受人民的监督,接受人民的批评和建议,才能使自己少走或不走弯路,少犯或不犯大的错误。在服务的过程中应该以虚心接受和认真纠错的心态,接受人民的监督,赢得人民群众的满意与信任。

五、开拓创新

(一)开拓创新的含义

开拓创新是指开拓进取、勇于创新的精神。创新是人类特有的认识能力和实践能力,是人类主观能动性的高级表现,是推动人类进步和社会发展的不竭动力,它既是一种品格,又是一种胆魄,还是一种才识,更是三者的统一。创新在一个国家的政治、经济、军事及文化等各个领域中有着举足轻重的地位。

(二)开拓创新的要求

1. 树立开拓创新的意识

在个人的工作中要有开拓创新的勇气、坚强的意志,以及敢作敢为、敢闯敢干的信念和实力。在日常工作中,不仅要有主见,有责任心和团队意识,而且需要有高度负责的开拓意识和创新精神。因此,作为个人,我们要培养自己的洞察力,要有远见,有敢于突破旧有的条条框框的勇气,培养开拓创新的能力。

2. 确立开拓创新的思维

对于一个从业人员来说,没有开拓创新的思维,就不会有开拓创新的实践。思维具有主动性,既是变通的也是独特的。开拓创新的思维需要我们确立相似联想、发散思维、逆向思维、侧向思维和动态思维等,在树立科学思维的基础上,提高实际创新能力。

3. 提高开拓创新的能力

创新是一个民族进步的灵魂,是一个国家兴旺发达的不竭动力,更是从业人员个人发展的动力源泉。作为提供社会服务的从业人员,开拓创新意味着个人要开拓和创新各种技术知识并由此获得竞争优势的能力,包括技术搜索能力、学习能力、研究开发能力等。一个人不仅要有开拓创新的理念和精神,更要有将开拓创新转化为实际行动的能力。只有提高开拓创新的能力,才能真正地将开拓创新付诸实践，为职业道德的提高奠定坚实的能力基础。

六、奉献社会

（一）奉献社会的含义

奉献社会是崇高的职业道德，它贯穿于爱岗敬业、诚实守信、办事公道、服务群众等职业规范的方方面面，渗透在职业生活中的每一个细枝末节。奉献社会是一种人生境界，不怕苦、不怕累，将自己的知识、技术、能力无私地奉献给社会，是一个人职业生涯最崇高的荣誉。

（二）奉献社会的要求

1. 正确认识奉献和索取的关系

奉献社会是职业道德的崇高要求，需要从业人员具有自觉精神和奉献意识。奉献的人生是幸福的人生，奉献社会有利于个人充实精神世界，提高精神境界，获得幸福。当然，奉献社会并不意味着只讲奉献，而不获得个人正当利益或个人幸福。个人正当利益和奉献社会是辩证统一的，个人正当利益的实现是奉献社会的根基，只有实现个人正当利益才能为奉献社会提供坚实的基础，同时，奉献社会有利于实现个人正当利益。只有正确认识奉献和索取的关系，才能更好地做到奉献社会。

2. 树立正确的人生价值观

人生价值观是人们在认识、评价人生活动所具有的价值属性时所持有的根本观点和看法，能在根本上影响一个人对于人生的选择。每个人都在自己的人生价值观的指引下形成不同的价值取向，指导自己的日常行为。正确的人生价值观能够指引人们创造属于自己的价值，错误的人生价值观则会将人引入歧途、背离正确的人生道路。因此，我们需要树立正确的人生价值观，努力奉献社会，这是人生的主旋律。

3. 将信念转化为行动

奉献社会不仅要求自觉自愿地为他人、为社会贡献力量，为了增进公共福利而积极劳动，还需要充分发挥主动性、创造性，积极地将奉献社会的理念转化为实际行动。当社会需要我们奉献的时候，义不容辞地站出来；当别人需要我们施以援手时，毫不吝啬地奉献出自己的力量。从身边的每一件小事做起，坚持不懈，始终走在奉献社会的征途中，为建设社会主义伟大事业贡献自己的力量。

第三节 职业道德修养

一、职业道德修养的含义及重要性

（一）职业道德修养的含义

职业道德修养是指从事各种职业活动的人员，按照职业道德规范基本原则和要求，在道德品质、思想意识等方面所进行的自我教育、自我改造、自我完善，使自己形成良好的职业道德品质并达到一定的职业道德境界。任何一个从业人员职业道德修养的提高，既离不开社会实践活动，也离不开个人对自己的严格要求和自觉意识。

（二）职业道德修养的重要性

1. 有利于树立社会主义核心价值观

“富强、民主、文明、和谐，自由、平等、公正、法治，爱国、敬业、诚信、友善”，这是对社会主义核心价值观的最新概括。我们要不断加强从业人员的职业道德修养建设，拥有积极、乐观、健康的“精气神”，体现职业行为的“最真、最善、最美”。只有在社会主义核心价值观的引领下，广大从业人员才能够积极主动地遵守职业道德规范，身体力行地践行核心价值观。

2. 有利于提高职业道德境界

一个人的职业道德境界越高，就越能对职业有一个正确的认识，明确工作的意义，就越能从工作中寻找乐趣，体验劳动创造的快乐。有较高职业道德境界的人，不会在工作中被个人名利得失束缚，而是时常心系他人、社会和国家，有高度的责任心和事业心。

3. 有利于拓展职业生涯

现有就业方式的特点是双向选择和自主选择，这对从业人员的职业道德修养提出了更高的要求。职业道德修养可以为从业人员提供社会资源，有利于从业人员建立良好的人际关系，得到更多的合作和支持。

二、职业道德修养与树立正确的人生观

（一）人生观的含义及基本内容

1. 人生观的含义

人生观是人们在实践中形成的对于人生目的和意义的根本看法，它决定着人们实践活动的目标、人生道路的方向，也决定着人们行为选择的价值取向和对待生活的态度。人生观的核心问题是如何认识和处理个人发展同社会进步的关系，即私与公的关系问题。马克思主义认为，各种人生观都是一定的社会生产力和生产关系的产物。由于各个时代的各个阶级所处的社会地位不同，生活经历和境遇不同，对人生的意义和目的的认识不同，人生观也就必然不同。评价一种人生观是进步的、革命的，还是落后的、反动的，根本标准就在于看它是否符合社会发展的要求。

2. 人生观的基本内容

人生观的基本内容包括幸福观、苦乐观、荣辱观、生死观、友谊观、道德观、审美观、公私观、恋爱观等。人生观主要回答人为什么活着，人生的意义、价值、目的、理想、信念、追求等问题。由于人们所处的社会地位、生活环境和文化素养不同，因此形成了不同的人生观。

（二）人生观和职业道德修养的关系

一个人职业道德品质的好坏、修养水平的高低，根本上取决于以什么样的人生观为基础。一个树立了正确人生观的人，才有可能成为职业道德品质高尚的劳动者。人生观指导并支配着人们职业道德品质的形成和发展，规定着职业道德行为的基本倾向和职业道德评价的根本态度，制约着职业道德教育的根本任务和职业道德修养的最终目标。所以，有什么样的人生观就有什么样的职业道德。

三、加强职业道德修养的途径与方法

（一）加强职业道德修养的途径

1. 在日常生活中培养

职业道德修养是一个长期的过程，每个人都需要从小事做起，从现在做起，持之以恒，才能养成良好的习惯。在日常生活中，自律也是非常重要的，

只有对自己严格要求，才能客观地认识自我，发现并改正自己的缺点，使自身更加完善。

2. 在工作活动中培养

当一个劳动者以高度的职业责任感认真履行自己的职责，并获得一定荣誉时，就意味着社会对其职业行为给予了肯定的评价，自身的价值得到体现，他就会从中获得内心的满足感。这种道德情感体验反过来又提高了他坚定遵守道德行为的自觉性。相反，当一个劳动者因违反职业道德规范而受到谴责，就会引起良心上的内疚感。这种感受会促使他改变自己的认识，纠正自己的行为。只有在职业活动中，从业者才能获得真实的道德体验，才能提高职业道德认识，培养职业道德情操，树立职业道德信念，养成良好的职业道德行为习惯。

3. 在自我修养中提高

通过学习先进人物，不断地激励自己。榜样的力量是无穷的，以先进模范人物为榜样，激励和鼓舞自己加强职业道德修养，是提高自身职业道德水平的重要途径。现实生活中的模范先进人物都是在自己平凡的岗位上做出了不平凡的事迹。

自省与慎独是提高职业道德修养的重要方法。自省是指自我反省、自我检查、自我批评，是用社会主义职业道德原则和规范，经常检查和反思自己在职业活动中的言行，符合职业道德要求的行为就继续坚持下去，违背职业道德要求的行为要及时改正过来。慎独是指个人在独立工作、无人监督的情况下，也要忠于职守，自觉地遵章守纪，坚持道德信念，自觉地按照道德规范的要求去做事的一种道德品格和道德境界。慎独既是职业道德修养的一种方法，也是职业道德修养的一种境界。

（二）加强职业道德修养的方法

1. 提高对于职业道德的认识

职业道德认识是指对职业道德的含义、重要性，以及职业道德价值、原则、规范的认识和理解，这是职业道德教育过程中的第一个要素。只有在深刻认识和理解职业道德理论的基础上，才能形成职业道德观念，提高对职业道德的自我评价能力和职业道德行为的选择能力。职业道德认识是职业道德情感产生的依据，是进行职业道德意志锻炼的内在动力，是决定职业道德行为倾向的思想基础。

2. 培养职业道德情感

职业道德情感是指人们在职业活动中对于职业道德规范和行为所产生的内心体验。这种内心体验的外在表现主要是对良好的行为产生敬仰喜好，对不道德行为产生厌恶憎恨。职业道德情感主要体现为职业责任感、义务感、荣誉感、幸福感等，是进行自觉职业行为的内在动力。

3. 锻炼职业道德意志

职业道德意志是指在实践职业道德过程中表现出来的克服障碍、战胜困难的毅力和决心，以及对工作精益求精的精神。有没有这种坚强的职业道德意志是衡量个人道德素质高低的重要标志。在职业道德的实践中，难免遇到这样或那样的困难，只有具备坚强的职业意志，才能在职业实践中勇往直前，才能在工作实践中自觉抵制各种腐朽思想的侵蚀，才能认真履行职业道德义务、遵守职业道德规范。

4. 养成职业道德行为

职业道德行为是指在一定的职业道德认知、情感、意志支配下所采取的职业道德的自觉实践。它是衡量职业道德水平高低、职业道德品质好坏的客观标志。职业道德认知、职业道德情感、职业道德意志只有通过职业道德行为才能表现出来。

第四节　公务员职业道德建设

国家公务员是指负责统筹管理经济社会秩序和国家公共资源，维护并贯彻执行国家法律规定的公职人员。作为治理国家、管理社会、服务公众的庞大的公职人员群体，他们的职业道德状况对整个社会具有强大的示范、引导和宣传等作用。

一、公务员职业道德建设的必要性

（一）公务员职业道德建设存在的主要问题

我国对公务员的职业道德建设有着严格的要求，把“德才兼备、以德为先”作为评价干部的基本标准。党的十七届四中全会明确指出，要把干部的德放在首要位置。《中华人民共和国公务员法》实施以来，我国公务员的职业道德不断提高，爱岗敬业、为人民服务等思想日益深入人心。他们在继承中华民族优秀职业道德传统的过程中,汲取了符合时代要求的新的道德观念,不断提高职业道德。但是,仍有少数公务员存在信念动摇、思想懈怠、作风浮夸、不作为或乱作为、服务意识不强等问题,与新形势新任务、与中央要求和人民群众期盼相比,还有明显差距。

(二)公务员职业道德建设的意义

1. 有利于党中央关于积极推进公务员队伍建设重要决定与精神的贯彻和落实

2011 年国家公务员局下发的《公务员职业道德培训大纲》中提出,要将公务员职业道德培训列为公务员初任、任职和在职培训的必修内容。加强公务员职业道德建设,符合我国社会发展的现实需要。职业道德建设是社会主义精神文明建设的重要内容,也是优化社会环境的重要途径,公务员职业道德的提高,有利于带动整个社会、整个国家的道德建设水平的提高。

2. 有利于提高政府治理能力和水平,推进社会主义体制的深入改革

建立一支具有现代化政府理念的公务员队伍,是公务员对自身的角色做出的相应调整,是适应政府职能的改变。加强公务员职业道德建设也是世界各国公务员管理的普遍经验和趋势,构建合理的公务员道德规范并有效地实施,强化对公共权力的约束,建立廉洁高效的行政管理体制,是当今世界共同关注的问题。

二、公务员职业道德建设的具体内容

2016 年 7 月,中共中央组织部、人力资源和社会保障部、国家公务员局联合印发《关于推进公务员职业道德建设工程的意见》(以下简称《意见》),对贯彻落实党的十八大以来中央关于加强公务员道德建设的新要求、全面提升公务员职业道德水平进行具体部署。《意见》指出,公务员职业道德是公务员职业活动的行为准则和规范,是公务员政治信仰、工作宗旨、职业理念和道德品质的具体体现,对引导和规范其正确履职尽责具有重要作用。《意见》明确了公务员职业道德建设的具体内容,即坚定信念、忠于国家、服务人民、恪尽职守、依法办事、公正廉洁。

(一)坚定信念

坚定信念是灵魂。要求公务员坚定对马克思主义的信仰,坚定对社会主义

和共产主义的信念，不断增强道路自信、理论自信、制度自信；坚持中国共产党的领导，坚持党的基本理论、基本路线、基本纲领、基本经验、基本要求不动摇；把牢政治方向，坚定政治立场，严守政治纪律和政治规矩，增强党性修养，做到对党和人民绝对忠诚。

（二）忠于国家

忠于国家是天职。要求公务员弘扬爱国主义精神，坚决维护国家安全、荣誉和利益，维护党和政府的形象、权威，维护国家统一和民族团结；保守国家秘密和工作秘密，同一切危害国家利益的言行做斗争。

（三）服务人民

服务人民是根本宗旨。要求公务员坚持以人为本、执政为民，全心全意为人民服务，永做人民公仆；坚持党的群众路线，密切联系群众，以人民忧乐为忧乐，以人民甘苦为甘苦；坚持人民利益至上，把实现好、维护好、发展好最广大人民群众的根本利益作为工作的出发点和落脚点，切实维护群众切身利益。

（四）恪尽职守

恪尽职守是立身之本。要求公务员服务大局、奋发有为、甘于奉献，为党和人民的事业不懈奋斗；坚持原则、敢于担当、认真负责，面对矛盾敢于迎难而上，面对危机敢于挺身而出，面对失误敢于承担责任，面对歪风邪气敢于坚决斗争；精通业务知识，勤勉敬业、求真务实，兢兢业业做好本职工作。

（五）公正廉洁

公正廉洁是基本品质。要求公务员坚持秉公用权、公私分明，办事出于公心，努力维护和促进社会公平正义；严于律己、廉洁从政，坚守道德法纪防线；为人正派、诚实守信，尚俭戒奢、勤俭节约。

（六）依法办事

依法办事是核心要求。要求公务员牢固树立社会主义法治理念，努力提高法治素养，模范遵守宪法和法律；严格依法履职，做到权由法定、权依法使，法定职责必须为、法无授权不可为；坚持依法决策，严格按照法定的权限、程序和方式执行公务。

第五节 行政伦理

行政伦理也被称为公共管理伦理，是现代公共行政学科的一个分支，形成于20世纪七八十年代的美国。行政伦理学是伴随着在行政部门伦理问题的增多而产生的。这一学科的产生表明，行政伦理问题的解决，行政伦理困境的走出，行政职业道德感的全面提升，以及公民对政府信任感的建立与维系都需要在理论和实践两个层面上同时进行。

一、行政伦理的概念

国内外很多学者都从不同角度对行政伦理下过定义。虽然各个定义不同，但核心要素基本上是一样的。从基本共识的角度上来看，行政伦理一般是指调整关于国家公务员与社会、行政机构之间，国家公务员之间，以及行政机构之间相互关系的行为规范的总和。

这一概念包含了以下主要内容：第一，行政伦理在本质意义上是一种政治伦理。因为它取决于现代民族—国家中政治—行政的紧密关联性，国家意志的执行和国家意志的表达在内在上具有一致性。第二，就行政主体的有机构成来讲，行政伦理的构成包括行政组织伦理和行政人员个人伦理两部分。第三，在行政伦理的规范表现形式上，行政伦理由主观伦理意识、习俗化的伦理规则和制度化的伦理法则等构成。

二、行政伦理的功能

行政伦理的功能是指在行政管理活动中，行政伦理对行政结构与行政人员自身完善和进步所具有的功效和意义。概括来说，行政伦理一般具有以下功能。

（一）中介功能

法律法规要起约束和控制行政行为的作用，必须通过社会化的过程，把法律法规转化为行政人员的心理观念、道德标准、价值倾向，形成人们的内心法则。因此行政伦理这个中介环节非常重要。

（二）规范与约束功能

行政伦理以一定的概念、范畴和一系列的伦理规范反映并作用于行政过程和行政行为。在行政系统的运行和行政行为的实施过程中，一方面行政伦理对符合其要求的情感、信念和象征行为予以激励和强化，对不符合其要求的情感、欲望和行为予以纠正或弱化。另一方面，在行政管理过程中，出现认识错误，方式或方法失当时，行政伦理能纠正行为者某种自私的念头和偏颇的情感，改变行为者的行为方式和方法。

（三）教育与塑造功能

公共行政伦理的基本价值理念是公平、正义。以公平、正义来引导行政系统及其工作群体，使其同心同德，为共同的目标奋斗，并且通过评价和激励手段，造成社会舆论，形成良好的风气。因此，行政伦理的基本价值具有社会层面的公共性和道德实践的示范性。

（四）保证与激励功能

坚持什么样的行政伦理规范，直接影响着公共行政管理的绩效和行为成败。行政伦理以其激发人的主动性和积极性来鼓励行政个体或组织不断发展，逐步完善，以达到道德追求与行政目标的一致。

（五）国家认同和凝聚民心功能

从某种程度上讲，行政伦理以其显示的行政人员的整体状态，决定性地影响着公民对国家的认同，进而影响统治的稳定和国家的兴衰。因为公共行政伦理是整个社会的主体道德，对社会有强大的示范作用，其伦理取向昭示着社会的伦理状况。同时，现代行政伦理使行政系统内部各个子系统之间、个人之间达成充分的认同、信任关系，使行政主体和行政客体之间形成沟通合作的局面，其向心力和凝聚力可以促进行政效率提升，从而进一步强化国家认同和长期发展。

三、从行政责任角度看行政伦理

（一）客观责任

1．客观责任的概念

客观责任通常与外部的影响因素有关，在具体形式上包括职责和应尽的义务。也就是说,对某人负责和对某事负责两个方面是客观责任的主要内容。

2. 客观责任的内容

在西方民主国家中,客观责任首先表现为对民选官员负责,也就是通过维护法律来对民选官员负责。而在我国,由于政治体制的不同,不存在民选官员和常任官员之分,但通过维护法律的形式来对行政工作这一职位负责也是我国行政人员的客观责任之一。在我国,行政组织中的客观责任从人和事的角度来看,就表现为在完成自己本职工作的过程中,对上级、下级及公民负责,维护法律,遵守岗位职责。

(1)对上级负责和对下级的行为承担责任

众所周知,科层制就意味着规范的责任结构和工具。在这一层级、岗位明确的结构中,每一个具体的组织或个人都负责履行命令链中的相应具体职责,并通过完成各自的任务为其他组织和个人完成任务或职责提供支持。因此,在日常行政工作中,行政人员首要的任务是接受来自上级的命令或向下级传达命令。

对上级负责表现为在问题超出自身权力范围时把问题上交,同时还要尽可能把相关决策信息传递给上级。这一行为并不仅仅意味着上报信息与事件是一个负责任的个人行为,而是当整个组织作为更大的公共行政体系来判断时,可以被看作负责任的行为。当然典型官僚机构在这一点上带来的弊端会让一部分人在自己实际上有权力做出有风险的决策时,因为害怕承担责任而将任务上报,造成向上推诿的现实,形成了事实上的不负责任。同时行政人员在没有权力做决策的情况下却做出了决策也同样属于不负责任的做法。

对下级的行为承担责任同样源于行政组织或政府的官僚制结构。在官僚制结构的行政组织中,不同的公众偏好和要求都最初出现在组织结构的不同层次的下属部门,然后再由这些下属部门反映到上级,寻找解决方式。各个层级的相应上级部门做出的最终解决决策方案表明,上级部门会对这一解决方案负责。这一对行政组织中问题传递解决过程的描述清楚地回答了上级要对下级行为承担责任的原因。

(2)对公民负责

无论是基于经济学的“委托—代理”理论,还是基于功利主义的实用主义理论,“对公民负责”、为大多数人的利益服务等目标一直以来都被认为是理所当然、无须证明的事实。尽管在20世纪,一些学者开始质疑所谓的“公共利益”是否真的存在,并展开了对于公共利益这一概念的界定及边界界定的争论。在这些争论中，罗尔斯的“无知之幕”理论可以说在一定程度上对我们探讨究竟什么是正义和公平，怎样做才是为公众利益服务而不是有利于某个阶层或集团的人的利益的问题提供了一种思考方式。罗尔斯的“无知之幕”理论认为，在我们做出重大公共决策之前，应该从最原始的角度出发，即不考虑自身的社会、文化、经济或生理条件因素。他假设我们在决策之前，完全不知道自己的社会阶层、生理上的性别或残疾等情况，也不知道自己的智力或处于什么样的社会、经济和政治地位，好像有一层幕布遮住了所有的这些前提条件。在这种完全不知道自己将会是利益获得者还是利益受损者的前提下决策，相对来说，决策者会尽量使决策设计对各个阶层的人都更加公平。借用这一思考方式做出的决策，相对来说，也势必是最能体现对公众负责的。

但是这些努力其实对于实践中的行政人员的工作并没有现实的指导作用。因为这些深层次的思考仅仅能帮助行政人员形成一种在为公众服务时应该持有的态度。这一态度是建立在这些深度探讨和理性、仁慈等的基础上的，并不具备强行的约束力。

（3）维护法律，遵守岗位职责

作为行政人员，遵守法律法令，维护法律的尊严是一个最起码的要求。此外，公共行政人员遵守自己的岗位职责，对特定标准或特定执行范围内所要求的相应义务认真履行，也是客观责任的一部分。我们之所以认为与工作紧密相连的工作职责和工作业务也属于客观责任的一部分，是因为这些职责和义务是基于行政人员所处的行政职位这一客观因素而形成的。因此，某个行政人员一旦接受了某一公共行政职位，也就意味着他必须同时接受这一职位所附加的一系列期望和约束。

（二）主观责任

1. 主观责任的概念

主观责任与我们内心的观念和想法，以及对自身的认识有关。这些主观责任是内省的情感和信仰赋予行政人员的。客观责任来自于法律、组织机构，以及社会对行政人员的期待，但主观责任却来自于每个人内心对于忠诚、良知、信仰的认同程度。每个行政人员因其个人的生长背景、教育背景、宗教背景等因素的不同，会形成程度差异不一的主观责任。因此，不同程度的主观责任有时候会强化客观责任，有时则不然。

2. 主观责任的内容

任何一个人的主观责任都是其价值观、信念、态度的表现。这些价值观、信念、态度都是从各自的家庭、学校、朋友、职业训练、社会活动等中获得或者形成的。

(1) 价值观。价值观包括三个过程,即认知过程、情感过程、行为过程,其中认知过程是建立在实践经验基础上的,情感过程是由感情引起的,而行为过程则指的是行动方面的表现。价值观对人类的影响非常大。它产生于我们的认识和环境之间的相互作用,反过来,在相互作用中形成的价值观又在这一过程中塑造了人的认知能力。

(2) 信念。信念是指一个人坚信某种观点的正确性,并支配自己行动的个性倾向,是一个人在长期的实践活动中,根据自己的生活内容和积累的知识,经过价值观形成这个过程后所形成的思想倾向。信念相对较为持久,而且它倾向于在我们的秉性中产生。信念有助于培养道德准则。但不同的人,由于其生长的社会环境、思想观念、阶级利益需要和个人经历等不同,会形成不同的,甚至截然相反的信念。

(3) 态度。当信念以描述、评价或是建议的形式之一作为目的或方向的时候,它就被有机地转变成了态度。作为一种心理现象,态度既是指人们的内在体验,又包括人们的行为倾向。一般而言,人们的态度又可以看作一种心理上的准备状态。这种准备状态支配着人们对现象、记忆、思维等的选择,也决定着人们听到、看到、想到什么。

四、行政伦理困境

(一) 行政伦理困境的定义

每个行政人员几乎都有过这样的经历,即有时候面对某一具体情况时,这样做也不对,那样做也不对,无法做出选择,换句话说,我们陷入了两难选择的尴尬和痛苦中。一般来说,大部分没有经过行政伦理学学习和训练的行政人员倾向于把这种情况看作一种工作上的苦恼。事实上,如果我们更加理性地从行政伦理学的角度去分析的话,会发现这种两难境地是一种典型的行政伦理困境。仔细思考会发现,这是行政人员有意识或无意识地在一些价值观、原则、责任之间进行排序,却又无法轻松实现合理排序的现象。当行政人员面对不同责任之间的冲突时,我们认为行政人员就陷入了行政伦理困境。

(二) 行政伦理困境的表现形式

1. 权力冲突

简言之,两种或两种以上的客观责任之间发生的冲突就叫权力冲突。这些客观责任是由两种或两种以上的权力来源(如法律、组织的上级、民选官员和民众等)从外部强加给行政人员的。这时,行政人员通常会陷入道德困境。

2. 角色冲突

角色冲突是指较大的行政角色范围中的子角色之间的冲突,或者可以称为行政角色组成部分之间的冲突。一般而言,角色概念是此类责任冲突的关键。在特定的情形下,我们所体验到的特定角色的价值观是不相容的,甚至有时是互相排斥的。行政组织中的不同兼职有时会让行政人员体验到角色冲突。有时行政人员的角色冲突也来源于组织内角色与组织外角色之间的价值观冲突。一般来说,角色冲突包括内部角色与外部角色之间的冲突,以及内部角色之间的冲突两大类。

3. 利益冲突

从比较宽泛的含义上看,如果在行政组织中工作的行政人员的个人利益(隐秘地)影响或有可能影响他客观地行使自己的行政职责,那我们就认为这种情况下发生了责任冲突中的利益冲突。这里的利益不仅指经济利益,也包括其他非经济利益。

利益冲突主要表现为公共角色与私人利益之间的冲突,客观责任与个人可能利益之间的冲突,具体主要包括以下八种:受贿、权力兜售、信息兜售、财政交易、馈赠与消遣、组织外就业、未来就业、处理亲属事务。

(三)走出行政伦理困境的路径选择

1. 走出由权力冲突形成的行政伦理困境

在权力冲突中,行政人员面临的是两种或多种矛盾的权力资源所带来的客观责任之间的冲突。因此,要解决权力冲突带来的行政伦理困境,就必须决定是否应该服从一个权威,同时抵制另一个权威,或者两个或多个权威都抵制。因此,问题的关键点在于分析清楚自己的主观责任。这样才能决定究竟自己应该倾向于哪一个客观权威。所以,此时,考察行政人员的职业价值观合格道德准则就成为解决困境的思考中最重要的突破点。

2. 走出由角色冲突形成的行政伦理困境

在角色冲突中,行政人员面临的是要审视和重新界定自己任职单位中的角色。这种冲突有可能表现为来自上一级的领导给行政人员强加了客观责任,但这一客观责任是与该行政人员的主观责任相矛盾的;或者行政人员的主观责任与目前正在从事工作的将来后果之间会发生冲突。因此,行政人员需要重新界定自己的行政角色,从而走出这种行政伦理困境。

3. 走出由利益冲突形成的行政伦理困境

在利益冲突中,行政人员走出行政伦理困境的途径是要区分和处理伦理和法律之间的关系。而且在关注用法律来解决严重冲突问题的同时,也不能忽略伦理关注的重要作用。

保持公众信任是行政责任的关键。因此,通过强化行政责任,分清不同行政责任之间产生冲突的原因,从个人和组织两个层面强化平衡客观责任与主观责任之间的冲突,将会从一定程度上找到走出行政伦理困境的途径。

【思考题】

1. 联系实际,谈谈对职业道德意义和作用的认识。

2. 职业道德规范的内容有哪些?养成良好的职业道德规范有哪些途径?

3. 请结合自己的工作实践,试举例说明行政伦理困境是怎样产生的,作为行政人员应如何走出行政伦理困境。

（刘欣　陈樱花）

第三章

行政法基础

【阅读提示】

通过本章的学习，了解建立和实行行政法制度的重大意义，熟悉行政法制度变迁的历史、法源及其基本特征，重点掌握行政法律关系、行政主体、行政行为等法律术语的含义及相关基本知识。

第一节　行政法概述

一、行政法的定义

党的十八大把法治确立为治国理政的基本方式，要求推进依法行政，树立社会主义法治理念，提高领导干部运用法治思维和法治方式深化改革、推动发展、化解矛盾、维护稳定的能力。十八届四中全会在《中共中央关于全面推进依法治国若干重大问题的决定》中进一步指出，要深入推进依法行政，加快建设“职能科学、权责法定、执法严明、公开公正、廉洁高效、守法诚信的法治政府”。

行政法是规范和控制行政权的法。在现代社会，行政权是人们获取秩序、安全等“公共物品”及组成公共生活之必需。因此，与立法权、司法权比较，行政权无疑是人们最经常、最直接接触的公权力。但是，诚如英国政治史学家阿克顿勋爵所言，“权力导致腐败，绝对权力导致绝对腐败”。权力必须得到控制、约束和规范，行政法即是把行政权力“关进制度的笼子”。

行政法，从广义上讲是指调整行政关系的、规范和控制行政权的法律规范系统，即既调整行政关系，又调整监督行政关系。狭义上看，行政法是调整因行政主体行使行政权而产生的特定社会关系的法律规范和原则的总称。

行政法作为一个独立的法律部门，具有自己的特征：在内容上，体现出内容广泛、变动频繁，以及实体性规范与程序性规范相互交织的特征；在形式上，行政法至今没有一部统一、完整的法典，且其赖以存在的法律形式、法律文件的数量特别多（见图 3-1）。

- 行政法的特征
  - 内容特征
    - 内容广泛、数量庞大
    - 易于变动、稳定性弱
    - 实体性规范、程序性规范交织共存
  - 形式特征
    - 尚无统一、完整的行政法典
    - 赖以存在的法律形式和文件数量特别多

图 3-1　行政法的特征

二、行政法律关系

法律的基本功能和作用在于调整社会关系，界定人们之间的权利和义务，以定纷止争。行政法律关系指由行政法规范确认和调整的因行政权力的行使而形成的行政主体与其他当事人之间的权利义务关系。行政法律关系由三个要素构成，即主体、客体和内容。

行政法律关系的主体，亦称行政法主体，是指在具体的行政法律关系中享受权利、承担义务的当事人，包括行政主体和行政相对人。行政法律关系的客体，是指行政法律关系当事人的权利、义务所指向的对象，包括人身、行为和财物等。行政法律关系的内容，是指行政法律关系主体所享有的权利和承担的义务，也即行政主体依法享有的职权职责，以及行政相对人的权利和义务。

三、行政法的法源

行政法的法源是指行政法的存在形式，即行政法律规范的来源与出处。在不同的法律制度和传统下，各国行政法的法源存在较大差别。在大陆法系国家，法源主要限于制定法；在海洋法系国家，非制定法占有重要地位。我国为大陆法系国家，行政法主要表现为立法机关制定的成文法律，但非制定法在实践中也参照适用。

（一）制定法的法源

1. 宪法

我国《宪法》规定,宪法是“国家的根本法,具有最高的法律效力”“一切法律、行政法规和地方性法规都不得同宪法相抵触”。宪法是国家的根本大法,不仅是行政法的渊源,也是其他部门法的渊源。

2. 法律

法律是国家最高权力机关全国人民代表大会及其常务委员会制定的规范性文件。其中,全国人民代表大会制定的规范性文件称为基本法律,如《国务院组织法》《行政诉讼法》《行政处罚法》等;全国人民代表大会常务委员会制定的规范性文件称为非基本法,如《国家赔偿法》《行政许可法》等。

3. 行政法规

行政法规是国务院制定的一类规范性文件的总称。行政法规的效力仅次于宪法和法律,高于地方性法规、部门规章和地方政府规章。行政法规不得与宪法和法律相抵触,必须按法定程序制定。

4. 地方性法规

地方性法规是指省、自治区、直辖市的人民代表大会及其常务委员会,省、自治区人民政府所在地的市、国务院批准的较大的市,以及经全国人民代表大会及其常务委员会批准设立的经济特区(市)的人民代表大会及其常务委员会,在不与宪法、法律、行政法规相抵触的前提下所制定的规范性文件的总称。此外,根据《立法法》的规定,其他设区的市开始制定地方性法规的具体步骤和时间,由省、自治区的人民代表大会常务委员会综合考虑本省、自治区所辖的设区的市的人口数量、地域面积、经济社会发展情况,以及立法需求、立法能力等因素确定,并报全国人民代表大会常务委员会和国务院备案。

5. 自治条例与单行条例

自治条例与单行条例是民族自治地方权力机关按照法定权限,并依照当地民族的政治、经济、文化特点所制定的一类规范性文件。其中,自治条例是综合性的规范性文件,单行条例是关于某一方面具体事项的规范性文件。自治条例与单行条例可以根据当地民族特点,对法律和行政法规做出变通规定,但不得违背法律与行政法规的基本原则。

6. 行政规章

行政规章分为部门规章和地方政府规章。部门规章是指国务院各职能部门制定的规范性文件的总称。地方政府规章是指由省、自治区、直辖市和设区的市、自治州的人民政府，根据法律、行政法规和本省、自治区、直辖市的地方性法规制定的规范性文件。行政规章在行政管理活动中具有完全的法律效力，但在行政诉讼中只能参照适用，不具有完全的法律效力。

7. 国际条约与协定

国际条约与协定是国家之间签订的关于在政治、经济、文化、法律、军事等方面的权利与义务的各种协议的统称。国际条约与协定一般需经国内立法机关批准后生效，其效力位阶等同于一国立法机关制定的成文法律，并且当与国内法律产生冲突时，一般具有优先适用的效力。国际条约与协定中的行政法律规范也是一国行政法的重要渊源。

制定法行政法律体系效力关系见图 3-2。

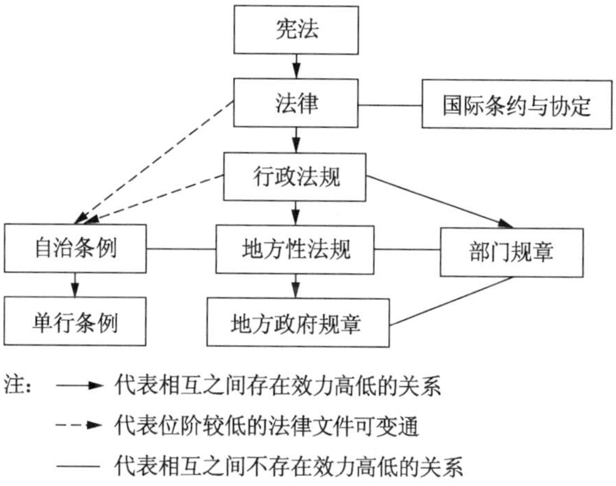

图 3-2 制定法行政法律体系效力关系简图

（二）非制定法的法源

非制定法的法源包括法律解释、判例或判决、习惯和惯例、行政法理等。

四、行政法的基本原则

行政法的基本原则是贯穿于行政法之中，指导行政法律的制定、规范行政权力的运作、体现行政法基本价值的准则。

（一）依法行政原则

依法行政原则是依法治国理念在行政领域的具体体现和要求，是行政法的核心原则。依法行政原则的精神要义在于“法无授权不可为”，即一切行政组织及其行政活动必须遵守法律的规定，强调法律对行政组织及其行为的约束力。

（二）信赖保护原则

信赖保护原则是民法诚信原则在行政法领域的适用，其基本含义是政府对自己做出的行为或承诺应当诚实守信，不得随意撤销或变更自己做出的行为或承诺。

（三）比例原则

比例原则被认为行政法中的“帝王”条款，指行政组织实施行政行为时应当兼顾公共利益及公民、法人或社会组织的合法权益，如为实现行政目标可能对相对人权益造成某种不利影响时，应将这种不利影响限制在尽可能小的范围和限度内，保持二者处于适度的比例。

（四）正当程序原则

正当程序原则源于英国行政法中的“自然正义”，指行政机关做出影响行政相对人权益的行政行为时，必须遵循正当法律程序，包括事先告知相对人，向相对人说明行为的根据、理由，听取相对人的陈述、申辩，事后为相对人提供相应的救济等。

（五）行政公开原则

行政公开原则指行政组织的一切活动除依法应保密的以外，一律公开。首先，行政机关制定规则及所有行政执法行为的依据、过程和结果均应向当事人公开，允许当事人查阅和复印相关资料；其次，行政机关所有行为除法律规定保密的以外，都应当向社会和公众公开，保障公民的知情权和新闻媒体的舆论自由，允许新闻媒体和公民对行政机关进行舆论监督。

（六）行政公平原则

行政公平原则又称平等对待原则，是“公民在法律面前一律平等”宪法原则在行政法领域的具体体现。行政公平是民主国家的基本要求。行政主体应平等地对待任何相对人,做到“同种情况同等对待,不同情况区别对待”。

第二节　行政法主体

一、行政主体

（一）行政主体的概念与特征

行政主体指享有公共行政权力,能够以自己的名义进行行政活动并独立承担由此产生的法律责任的组织。其基本特征包括:

第一,行政主体是一种组织,而不是个人。组织在一定条件下可以成为行政主体,但个人不能成为行政主体。尽管现实中行政管理均由行政机关公务员实施,但他们均是以组织的名义而不是以个人的名义进行的。

第二,行政主体依法享有公共行政权力。按照法律规定,行政主体的权力来自法律、法规的授权。依法享有行政职权,是指行政主体的职权由法律法规设定,或者由有权机关通过法定程序授予。

第三,行政主体必须能以自己的名义行使行政权力。能否以自己的名义实施管理是一个组织取得行政主体资格的重要条件,也是判断一个组织是否是行政主体的外在标准。例如,行政机关的某些内设机构、派出机构和临时机构,以及受委托的组织虽然也能做出具体行政行为,但它们不能以自己的名义进行,因而不是行政主体。

第四,行政主体能够独立承担法律责任。独立承担法律责任是判断一个组织是否为行政主体最重要的标准。独立承担法律责任,指行政组织能够成为行政复议的被申请人,能够成为行政诉讼的被告,以及能够成为行政赔偿中的赔偿义务机关。

（二）行政机关

行政机关指依法享有行政职权,能够以自己的名义代表国家进行行政管理活动,并且承担由此产生的法律后果的行政组织。行政机关是最主要的行政主体,具有主体性。行政机关只有具备一定的条件才能成为行政主体,如依法成立,拥有固定的组织机构和人员编制,能够以自己的名义行使职权并承担法律责任等。在现实生活中,行政机关职能广泛、影响深远,是最重要的行政主体。

（三）其他行政主体

其他行政主体指行政机关以外的、行使一定行政职能的法律、法规授权的组织和其他社会公权力组织。

1. 被授权组织

被授权组织通常也称为法律法规授权组织，指国家宪法和行政组织法以外的单行法律、法规将某一方面的行政职权的一部分或全部，通过法定方式授予其行使的组织。

（1）行政机构。行政机构是各级人民政府或其他职能部门根据行政管理的需要而设置的，是用以协助行政机关处理和具体办理各项行政事务和机关内部事务的办公和办事机构。主要包括：一是行政机关的某些内部机构，既包括各级人民政府的内部机构和临时机构，也包括各级政府职能部门的内部机构；二是各级政府职能部门的派出机构，指政府中的职能部门根据工作需要设立的，代表该行政机关在一定的职权范围内从事某些行政事务的组织；三是依法定授权而设立的行政机构，以处理某些专业性强、技术性强的行政事务。

（2）其他社会组织。这类社会组织包括：一是行政性公司，指既具有公司的基本构成要件，从事经济活动，又要承担某方面行政职能的组织。例如，电力、邮电、烟草专卖等部门。二是具有行政职能的事业单位，例如大学。《教育法》授权公立学校及其他公立教育机构招收学生或者其他受教育者，对受教育者进行处分、颁发学业证书，聘任教师、职工等。三是基层群众性自治组织。主要指城市居民委员会和农村村民委员会，它们分别在城市街道办事处及乡、民族乡、镇的指导下，根据相应组织法的授权行使多种行政职能。四是有行政职能的社会团体。例如，《注册会计师法》授权注册会计师协会制定和组织实施注册会计师统一考试办法，以及注册、撤销注册等权力；《律师法》授权律师协会多项行政性职能等。《消费者权益保护法》授予消费者协会对商品和服务的监督、检查，并受理消费者投诉及对投诉进行调查、调解等职权。

2. 受委托组织

受委托组织是指受行政机关的依法委托，以委托机关的名义行使行政职权，并由委托机关承担法律责任的组织。其基本特征包括：

首先，受委托组织的行政职权来自行政机关的委托，而不是法律法规的授权。

其次，行政机关的委托对象应当符合法定的条件。《行政处罚法》对受委托行使行政处罚权的组织的条件做了规定：一是依法成立的管理公共事务的事业组织；二是具有熟悉有关法律、法规、规章和业务的工作人员；三是对违法行为需要进行技术检查或者技术鉴定的,应当有条件组织进行相应的技术检查或者技术鉴定。

再次,行政职权的委托不发生职权、职责、法律后果及行政主体资格的转移。受委托组织行使的是行政机关的行政职权,它只能在行政机关委托的权限范围内,以委托机关的名义实施行政活动。

行政委托与行政授权是两个不同的法律概念,二者的区别主要表现在以下三个方面:

(1) 职权来源方式不同。受委托组织的行政职权来自行政机关的委托,它本身并不具备行政职权;而被授权组织在得到法律、法规的授权后,就取得了该行政职权。

(2) 针对对象不同。行政委托的对象既可以是行政机关,也可以是其他社会组织;而行政授权的对象是行政机关以外的组织,包括行政机构和社会组织。

(3) 法律后果不同。受委托组织是以委托组织的名义实施行政行为,其行为的法律后果由委托组织承担;而被授权组织是以自己的名义做出行政行为,并能够独立承担由此产生的法律责任。

二、公务员

行政主体与公务员二者关系密切,不可分割。从行政法意义而言,公务员并不属于行政主体,但现实中行政活动是由公务员代表行政主体具体实施和执行的。因此,必须对公务员的概念与分类、权利与义务,以及相关制度进行分析。

(一)公务员的概念与分类

公务员是指国家按照法定方式任用的,在中央和地方各级国家机关中工作的,依法行使国家行政权、执行国家公务的人员。我国《公务员法》规定:“本法所称公务员,是指依法履行公职、纳入国家行政编制、由国家财政负担工资福利的工作人员。”由此可看出,“公务员”不局限于政府机关工作人员,而从行政机关扩大到党委、人大、政协、审判、检察、民主党派等机关的工作人员。此外,法律、法规授权的具有公共管理职能的事业单位中除工勤人员以外的工作人员,经批准参照《公务员法》进行管理。

我国公务员实行职位分类制度。公务员职位类别按照公务员职位的性质、特点和管理需要,划分为综合管理类、专业技术类和行政执法类等类别。对于具有职位特殊性,需要单独管理的,国务院可以增设其他职位类别。国家根据公务员职位类别设置公务员职务序列,分为领导职务和非领导职务。其中,领导职务层次分为:国家级正职、国家级副职、省部级正职、省部级副职、厅局级正职、厅局级副职、县处级正职、县处级副职、乡科级正职、乡科级副职。非领导职务层次在厅局级以下设置。综合管理类的非领导职务分为：巡视员、副巡视员、调研员、副调研员、主任科员、副主任科员、科员、办事员。

（二）公务员的权利和义务

1. 公务员的权利

公务员的权利是公务员顺利执行公务的基本保障，公务员的法律地位主要通过其权利表现出来。《公务员法》第十三条规定，公务员享有下列权利：(1) 执行职务权：公务员有权依法执行职务，获得履行职责应当具有的工作条件；(2) 职位保障权：公务员非因法定事由、非经法定程序，不被免职、降职、辞退或者处分；(3) 工资福利权：公务员有权获得工资报酬，享受福利、保险待遇；(4) 参加培训权：公务员有权参加业务知识和技能的培训；(5) 批评建议权：公务员有权对机关工作和领导人员提出批评和建议；(6) 申诉、控告权：公务员合法权益被侵犯或受到不公平待遇，有权向有关机关提出申诉和控告；(7) 辞职权：公务员有权根据法定条件和程序申请辞职；(8) 法律规定的其他权利。

2. 公务员的义务

公务员的义务是国家对公务员必须做出一定行为或不得做出一定行为的约束和强制，一方面有助于增强公务员的责任感，另一方面有助于加强人民对公务员行为的监督。《公务员法》第十二条规定，公务员应当履行下列义务：(1) 守法的义务：公务员应当模范遵守宪法和法律，不得违宪违法；(2) 履行职责的义务：公务员应按照规定的权限和程序认真履行职责，努力提高工作效率；(3) 为人民服务和接受监督的义务：公务员应全心全意为人民服务，接受人民监督；(4) 维护国家利益的义务：公务员应维护国家的安全、荣誉和利益；(5) 忠于职守的义务：公务员应忠于职守，勤勉尽责，服从和执行上级依法做出的决定和命令；(6) 保守秘密的义务：公务员必须保守国家秘密和工作秘密；(7) 遵守纪律和恪守道德的义务：公务员应遵守纪律，恪守职业道德，模范遵守社会公德；(8) 廉洁奉公的义务：公务员应清正廉洁，公道正派；(9) 法律规定的其他义务。

（三）公务员制度

公务员制度是指国家公务员的分类、录用、培训、考核、晋升、奖惩，以及退休、辞职等具体制度的总称。

1. 录用制度

录用担任主任科员以下及其他相当职务层次的非领导职务公务员，采取公开考试、严格考察、平等竞争、择优录取的办法。

2. 考核制度

公务员考核制度主要包括：(1) 考核分为平时考核和定期考核，平时考核作为定期考核的基础；(2) 考核的范围包括德、能、勤、绩、廉，重点考核工作实绩；(3) 考核的结果分为优秀、称职、基本称职和不称职四个等次，以此作为调整公务员职务、级别、工资，以及公务员奖励、培训、辞退的依据。

3. 晋升制度

公务员晋升制度主要包括：(1) 公务员晋升职务，应当具备拟任职务所要求的思想政治素质、工作能力、文化程度和任职经历等方面的条件和资格。(2) 公务员晋升职务，应当逐级晋升。特别优秀的或者工作特殊需要的，可以按照规定破格或者越一级晋升职务。(3) 公务员晋升领导职务，要按照民主推荐、组织考察、讨论决定、履行手续的程序进行。(4) 公务员晋升领导职务的，应当按照有关规定实行任职前公示制度和任职试用期制度。

4. 奖惩制度

对工作表现突出，有显著成绩和贡献，或者有其他突出事迹的公务员或者公务员集体，给予奖励。奖励坚持精神奖励与物质奖励相结合、以精神奖励为主的原则。奖励分为嘉奖、记三等功、记二等功、记一等功、授予荣誉称号。对受奖励的公务员或者公务员集体予以表彰，并给予一次性奖金或者其他待遇。

公务员处分分为警告、记过、记大过、降级、撤职、开除。公务员在受处分期间不得晋升职务和级别，其中受记过、记大过、降级、撤职处分的，不得晋升工资档次。受处分的期间为：警告，六个月；记过，十二个月；记大过，十八个月；降级、撤职，二十四个月。受撤职处分的，按照规定降低级别。

5. 培训制度

机关根据公务员工作职责的要求和提高公务员素质的需要，对公务员进行分级分类培训。机关对新录用人员应当在试用期内进行初任培训；对晋升领导职务的公务员应当在任职前或者任职后一年内进行任职培训；对从事专项工作的公务员应当进行专门业务培训；对全体公务员应当进行更新知识、提高工作能力的在职培训，其中对担任专业技术职务的公务员，应当按照专业技术人员继续教育的要求，进行专业技术培训。公务员培训情况、学习成绩作为公务员考核的内容和任职、晋升的依据之一。

6. 交流与回避制度

公务员实行交流制度。公务员可以在公务员队伍内部交流，也可以与国有企事业单位、人民团体和群众团体中从事公务的人员交流。交流的方式包括调任、转任和挂职锻炼。

公务员回避制度包括：(1) 任职回避：公务员之间有夫妻关系、直系血亲关系、三代以内旁系血亲关系及近姻亲关系的，不得在同一机关担任双方直接隶属于同一领导人员的职务或者有直接上下级领导关系的职务，也不得在其中一方担任领导职务的机关从事组织、人事、纪检、监察、审计和财务工作。因地域或者工作性质特殊，需要变通执行任职回避的，由省级以上公务员主管部门规定。(2) 地域回避：公务员担任乡级机关、县级机关及其有关部门主要领导职务的，应当实行地域回避，法律另有规定的除外。(3) 公务回避：公务员执行公务时，有下列情形之一的，应当回避，包括涉及本人利害关系的；涉及与本人有《公务员法》第六十八条第一款所列亲属关系人员的利害关系的；其他可能影响公正执行公务的。

7. 辞职辞退制度

辞职制度包括：(1) 自愿辞职：公务员辞去公职，应当向任免机关提出书面申请。任免机关应当自接到申请之日起 30 日内予以审批，其中对领导成员辞去公职的申请，应当自接到申请之日起 90 日内予以审批。(2) 因公辞职：担任领导职务的公务员，因工作变动依照法律规定需要辞去现任职务的，应当履行辞职手续。担任领导职务的公务员，因个人或者其他原因，可以自愿提出辞去领导职务。(3) 引咎辞职：领导成员因工作严重失误、失职造成重大损失或者恶劣社会影响的，或者对重大事故负有领导责任的，应当引咎辞去领导职务。(4) 责令辞职：领导成员应当引咎辞职或者因其他原因不再适合担任现任领导职务，本人不提出辞职的，应当责令其辞去领导职务。

公务员有下列情形之一的，不得辞去公职：(1) 未满国家规定的最低服务年限的；(2) 在涉及国家秘密等特殊职位任职或者离开上述职位不满国家规定的脱密期限的；(3) 重要公务尚未处理完毕，且须由本人继续处理的；(4) 正在接受审计、纪律审查，或者涉嫌犯罪，司法程序尚未终结的；(5) 法律、行政法规规定的其他不得辞去公职的情形。

辞退制度包括：公务员有下列情形之一的，予以辞退：(1) 在年度考核中，连续两年被确定为不称职的；(2) 不胜任现职工作，又不接受其他安排的；(3) 因所在机关调整、撤销、合并或者缩减编制员额需要调整工作，本人拒绝合理安排的；(4) 不履行公务员义务，不遵守公务员纪律，经教育仍无转变，不适合继续在机关工作，又不宜给予开除处分的；(5) 旷工或者因公外出、请假期满无正当理由逾期不归连续超过 15 天，或者一年内累计超过 30 天的。对有下列情形之一的公务员，不得辞退：(1) 因公致残，被确认丧失或者部分丧失工作能力的；(2) 患病或者负伤，在规定的医疗期内的；(3) 女性公务员在孕期、产假、哺乳期内的；(4) 法律、行政法规规定的其他不得辞退的情形。

8. 退休制度

公务员达到国家规定的退休年龄或者完全丧失工作能力的，应当退休。公务员符合下列条件之一的，本人自愿提出申请，经任免机关批准，可以提前退休：(1) 工作年限满30年的；(2) 距国家规定的退休年龄不足五年，且工作年限满20年的；(3) 符合国家规定的可以提前退休的其他情形的。

9. 申诉控告制度

公务员对涉及本人的下列人事处理不服的，可以自知道该人事处理之日起30日内向原处理机关申请复核；对复核结果不服的，可以自接到复核决定之日起15日内，按照规定向同级公务员主管部门或者做出该人事处理的机关的上一级机关提出申诉；也可以不经复核，自知道该人事处理之日起30日内直接提出申诉：(1) 处分；(2) 辞退或者取消录用；(3) 降职；(4) 定期考核定为不称职；(5) 免职；(6) 申请辞职、提前退休未予批准；(7) 未按规定确定或者扣减工资、福利、保险待遇；(8) 法律、法规规定可以申诉的其他情形。对省级以下机关做出的申诉处理决定不服的，可以向做出处理决定的上一级机关提出再申诉。

原处理机关应当自接到复核申请书后的30日内做出复核决定。受理公务员申诉的机关应当自受理之日起60日内做出处理决定；案情复杂的，可以适当延长，但是延长时间不得超过30日。复核、申诉期间不停止人事处理的执行。

公务员认为机关及其领导人员侵犯其合法权益的，可以依法向上级机关或者有关的专门机关提出控告。受理控告的机关应当按照规定及时处理。公务员提出申诉、控告，不得捏造事实，诬告、陷害他人。

三、行政相对人

（一）行政相对人的权利

(1) 请求权

请求权是相对人最主要的权利，它是相对人可以要求行政主体或其他义务人为一定行为或不为一定行为的权利。

(2) 听证权

听证权是相对人根据法律规定，参加行政主体举行的听证会的权利。听证是行政程序正当性的关键所在。

（3）陈述权

陈述权是行政相对人享有的陈述相关事实、说明有关理由的权利。

（4）申辩权

申辩权是行政相对人享有的对行政主体的观点、认定、理由、决定等进行申诉、辩解的权利。

（5）知情权

知情权指行政相对人依法了解和获取行政主体的各种行政信息的权利，包括各种规范性法律文件、会议决议、决定、制度、标准、程序规则，以及与行政相对人本人有关的各种档案资料。

（6）参与权

行政相对人参加行政行为过程，就涉及的事实问题和法律问题阐述自己的主张，从而影响行政主体做出有利于自己的行政决定的权利。

（7）申请复议和提起行政诉讼权

行政相对人对行政主体做出的具体行政行为不服，有权依法申请复议和提起行政诉讼。

（8）请求国家赔偿权、补偿权

行政相对人在其合法权益受行政主体侵害或因公共利益需要受行政主体行使职权行为损害和损失时，有权依法请求国家赔偿或补偿。

（二）行政相对人的义务

（1）服从行政管理的义务

在行政管理法律关系中，行政相对人的首要义务是服从行政管理，如遵守行政机关发布的行政法规、规章和其他规范性文件；执行行政命令、行政决定；履行行政法上的各项义务。

（2）协助行政公务的义务

行政相对人对行政主体及其工作人员执行公务的行为有主动予以协助的义务，如配合公安机关维持社会秩序，配合行政主体的调查，为执行公务提供便利条件和设施等。

（3）维护公益的义务

当国家和社会公共利益正受到或可能受到损害或威胁时，行政相对人有义务维护国家和社会公共利益。

（4）接受行政监督和调查的义务

行政主体为了对案件进行调查，可能会进行询问、讯问、勘验、鉴定及抽样调查等，行政相对人对合法的调查行为应当予以配合。

(5) 提供真实信息的义务

行政相对人在向行政主体申请提供行政服务或接受行政主体监督时，向行政主体提供的各种信息资料应真实、准确。如故意提供虚假信息，相对人要承担相应的法律责任。

(6) 遵守法定程序的义务

法定的行政程序不仅行政主体应当遵守，行政相对人亦应遵守，包括法律法规规定的程序、手续、期限等。如果不遵守法定的行政程序，相对人可能承担一定的法律责任，例如不按时纳税、不在法定期限内提出复议申请和行政诉讼等。

第三节　行政行为

一、行政行为概述

（一）行政行为的概念

行政行为是指行政主体在实施行政管理活动中，基于行政职权所做出的，能够直接或间接引起行政法律效果的公务行为。

（二）行政行为的分类

根据不同的标准可以对行政行为进行分类（见表3-1），主要包括：

1. 抽象行政行为与具体行政行为

以行政行为对象是否特定为标准，行政行为可分为抽象行政行为和具体行政行为。抽象行政行为指行政主体以不特定的人或事项为对象，制定或发布能反复适用的、具有普遍约束力的规范性文件的行为。具体行政行为指行政主体针对特定人或事项采取措施，且对特定人的权益产生影响的行为。

2. 外部行政行为与内部行政行为

以行政行为的效力作用范围为标准，行政行为可分为外部行政行为和内部行政行为。内部行政行为是行政主体对其内部事务实施管理而做出的，只对行政组织内部产生法律效力的行为。外部行政行为是指行政主体在社会公共事务管理中对公民、法人和其他组织做出的行政行为。内部行政行为具有不可诉性，而外部行政行为在符合法定的条件下，可以适用行政复议和行政诉讼程序。

3. 依职权行政行为与依申请行政行为

以行政主体是否主动采取和做出为标准，行政行为可分为依职权行政行为和依申请行政行为。依职权行政行为是指无须相对人做出意思表示，行政主体依法可主动实施的行政行为，如征收税款等。依申请行政行为指行政主体只有在相对人做出意思表示的情况下才能实施的行政行为，如行政复议、行政许可等。

4. 羁束行政行为与自由裁量行政行为

以行政行为受法律规范拘束的程度为标准，行政行为可分为羁束行政行为和自由裁量行政行为。羁束行政行为指法律规范对其条件、内容、方式、程序等都做出了较详细、明确、具体规定的行政行为，行政主体较少自由选择的余地。自由裁量行政行为是指法律规范仅规定原则或一定的幅度或范围，行政主体根据原则或在法定幅度内，结合具体需要和实际情况，可以自主做出的行为。

5. 作为的行政行为与不作为的行政行为

以行政行为的存在方式为标准，行政行为可分为作为的行政行为和不作为的行政行为。所谓作为的行政行为，指行政主体以积极作为的方式来改变现有行政法律关系状态的行为。不作为的行政行为，是指行政主体以消极不作为的方式来对待法定义务和职责的行为。

6. 要式行政行为和非要式行政行为

以行政行为是否必须具备特定的法律形式为标准，行政行为可分为要式行政行为和非要式行政行为。所谓要式行政行为，指必须具备某种法定形式或遵守特定法定程序才能产生法律效力的行政行为。非要式行政行为，指法律法规没有对形式和程序做出要求，行政主体根据实际需要无论采用何种方式都能成立的行政行为。

表 3-1　行政行为的分类

划分标准	类　型
以行政行为对象是否特定为标准	抽象行政行为与具体行政行为
以行政行为的效力作用范围为标准	外部行政行为与内部行政行为
以行政行为是否主动采取和做出为标准	依职权行政行为与依申请行政行为
以行政行为受法律规范拘束的程度为标准	羁束行政行为与自由裁量行政行为
以行政行为的存在方式为标准	作为的行政行为与不作为的行政行为
以行政行为是否必须具备法定形式为标准	要式行政行为和非要式行政行为

（三）行政行为的效力

行政行为的效力是一种法律上的力量。这种力量决定行政行为的存在并保障其产生预期的法律效果，也即保障行政行为的内容得到实现，具体包括以下几点。

（1）公定力：指行政行为一经成立，不论合法与否，都被推定为合法有效，在没有被有权机关宣布为违法无效之前，对行政主体和行政相对人均具有约束力，任何个人或团体都必须遵守和服从。

（2）确定力：指行政行为一旦做出，就不能随意改变或撤销。

（3）拘束力：指行政行为生效后，行政行为的内容即对行政主体和行政相对人产生法律上的约束力，双方必须共同遵守。

（4）执行力：指行政行为生效后，行政主体有权依法采用一定的手段，使行政行为的内容得以实现的效力。

二、具体行政行为

（一）行政许可

1. 行政许可的概念

行政许可是行政主体根据行政相对人的申请，按照一定的程序，通过颁发许可证、执照等形式，依法赋予行政相对人从事某种活动的法律资格或实施某种行为的法律权利的行政行为。

2. 行政许可的原则

（1）许可法定原则。行政主体必须依照法定的权限、范围、条件和程序来设定和实施行政许可。

（2）公开、公平、公正原则。公开原则是指行政许可的条件、依据和过程必须公开，涉及国家秘密、商业秘密和个人隐私的除外；公平原则是指行政主体应给予申请人平等的竞争机会；公正原则是指行政许可必须符合法定目的，行政许可应当客观、公正、适度。

（3）高效便民原则。高效便民原则是指行政主体在行使行政许可职权时，要提供经济、便捷、优质和高效的服务。

（4）信赖保护原则。公民、法人或者其他组织依法取得的行政许可受法律保护，行政机关不得擅自改变已经生效的行政许可。

（5）救济原则。公民、法人或者其他组织对行政机关实施行政许可，享有陈述和申辩权；有权依法申请行政复议或提起行政诉讼；其合法权益因行政机关违法实施行政许可受到损害的，有权依法要求赔偿。

3. 行政许可的设定范围

可以设定行政许可的事项范围：(1) 直接涉及国家安全、公共安全、经济宏观调控、生态环境保护，以及直接关系人身健康、生命财产安全等特定活动，需要按照法定条件予以批准的事项；(2) 有限自然资源开发利用、公共资源配置，以及直接关系公共利益的特定行业的市场准入等，需要赋予特定权利的事项；(3) 提供公众服务并且直接关系公共利益的职业、行业，需要确定具备特殊信誉、特殊条件或者特殊技能等资格、资质的事项；(4) 直接关系公共安全、人身健康、生命财产安全的重要设备、设施、产品、物品，需要按照技术标准、技术规范，通过检验、检测、检疫等方式进行审定的事项；(5) 企业或者其他组织的设立等，需要确定主体资格的事项；(6) 法律、行政法规规定可以设定行政许可的其他事项。

上述所列事项，通过下列方式能够予以规范的，可以不设行政许可：(1) 公民、法人或者其他组织能够自主决定的；(2) 市场竞争机制能够有效调节的；(3) 行业组织或者中介机构能够自律管理的；(4) 行政机关采用事后监督等其他行政管理方式能够解决的。

4. 行政许可的实施程序

(1) 申请。① 申请人应向有许可权的法定行政机关提出；② 申请人必须依照法定方式提出，可通过信函、电报、电传、传真、电子数据交换和电子邮件等方式提出；③ 申请人必须提交所需的有关材料。

(2) 受理。行政机关收到申请后，可根据情况分别做出如下处理：① 应当受理的情况。申请事项属于本行政机关职权范围，申请材料齐全、符合法定形式，或者申请人按照本行政机关的要求提交全部补正申请材料的。② 要求更正的情况。申请材料存在可以当场更正的错误的，应当允许申请人当场更正。③ 限期补正的情况。申请材料不齐全或者不符合法定形式的，应当当场或者在五日内一次告知申请人需要补正的全部内容，逾期不告知的，自收到申请材料之日起即为受理。④ 不予受理的情况。申请事项依法不需要取得行政许可或不属于本行政机关职权范围的，应当即时做出不予受理的决定，并告知申请人向有关行政机关申请。

(3) 审查。《行政许可法》规定了两种审查标准和程序：① 形式性审查，即行政机关对申请人提交的申请材料是否齐全、是否符合法定形式进行审查；② 实质性审查，包括申请人是否具有相应的权利和行为能力、授予许可证是否会损害公共利益和利害关系人利益，以及法律、法规规定的其他条件。

(4) 决定。《行政许可法》规定了三种决定程序：① 当场决定。申请人提交的申请材料齐全、符合法定形式，行政机关能够当场做出决定的，应当当场做出书面的行政许可决定。② 上级机关决定。依法应当先经下级行政机关审查后报上级行政机关决定的行政许可，下级行政机关应当在法定期限内将初步审查意见和全部申请材料直接报送上级行政机关。③ 限期做出决定。行政机关对行政许可申请进行审查后，除当场做出行政许可决定的外，应当在法定期限内按照规定程序做出行政许可决定。

行政许可的期限包括：① 决定期限。行政机关应当自受理行政许可申请之日起 20 日内做出行政许可决定。20 日内不能做出决定的，经本行政机关负责人批准，可以延长十日，并应当将延长期限的理由告知申请人。但是，法律、法规另有规定的，依照其规定。行政许可采取统一办理或者联合办理、集中办理的，办理的时间不得超过 45 日；45 日内不能办结的，经本级人民政府负责人批准，可以延长 15 日，并应当将延长期限的理由告知申请人。② 颁发、送达行政许可证的期限。行政机关做出准予行政许可的决定，应当自做出决定之日起十日内向申请人颁发、送达行政许可证，或者加贴标签，加盖检验、检测、检疫印章。③期限扣除。行政机关做出行政许可决定，依法需要听证、招标、拍卖、检验、检测、检疫、鉴定和专家评审的，所需时间不计算在规定的期限内。行政机关应当将所需时间书面告知申请人。

6. 行政许可的听证程序

行政许可的听证程序具体为：（1）申请。由申请人、利害关系人要求听证的事项，在被告知听证权利之日起五日内提出听证申请。（2）组织听证。行政机关应当在收到申请人或者利害关系人听证申请之日起 20 日内组织听证。（3）通知有关事项。行政机关应当于举行听证的七日前将举行听证的时间、地点通知申请人、利害关系人，必要时予以公告。（4）举行听证。行政机关应当指定审查该行政许可申请的工作人员以外的人员为听证主持人，申请人、利害关系人认为主持人与该行政许可事项有直接利害关系的，有权申请回避；举行听证时，审查该行政许可申请的工作人员应当提供审查意见的证据、理由，申请人、利害关系人可以提出证据，并进行申辩和质证。（5）决定。行政机关应当根据听证笔录，并在法定的许可决定期限内做出是否准予行政许可的决定。

（二）行政处罚

1. 行政处罚的概念

行政处罚是指行政机关或其他行政主体依照法定职权和程序对违反行政

法规尚未构成犯罪的相对人给予行政制裁的具体行政行为。

2. 行政处罚的种类与原则

（1）行政处罚的种类。① 警告；② 罚款；③ 没收违法所得、没收非法财物；④ 责令停产停业；⑤ 暂扣或者吊销许可证、暂扣或者吊销执照；⑥ 行政拘留；⑦ 法律、行政法规规定的其他行政处罚。

（2）行政处罚的原则。① 处罚法定原则：行政处罚的主体、职权、种类、内容和程序均由法定，没有法定依据的行政处罚无效。② 处罚公正公开原则：公正原则要求实施行政处罚时公平合理，没有偏私，包括实体公正和程序公正；公开原则指处罚过程要公开，保障公民、法人和其他组织的合法权益。③ 处罚与教育相结合的原则：行政处罚作为一种“惩戒”手段，其目的不仅是为了对违法当事人实施制裁，而且也是为了教育违法者知法守法，应坚持处罚与教育相结合的原则。④ 保障相对人权利的原则：行政处罚的行使必须保障相对人的救济权利，包括陈述权、申辩权、申请复议权、提起行政诉讼和请求赔偿权等。⑤ 一事不再罚的原则：对行政相对人的同一个违法行为，原则上只能给予一次行政处罚，禁止多头处罚和重复处罚。

3. 行政处罚的程序

（1）简易程序

行政处罚简易程序也称当场处罚程序，是指行政机关或法律、法规授权组织对于违法事实清楚、证据确凿、情节简单轻微的行政违法行为，当场做出行政处罚的程序。适用简易程序的条件是：① 违法事实确凿并有法定依据；② 违法情节简单轻微，不涉及其他违法犯罪案件；③ 罚责较轻，罚款数额有限，对公民处于 50 元以下、对法人或其他组织处以 1000 元以下罚款或者警告的行政处罚。

行政处罚的简易程序是：① 执法人员当场向当事人出示身份证件或委托书以表明身份，证明自己实施行政处罚的主体资格；② 确认违法事实，说明处罚的理由和依据，必要时进行当场取证；③ 听取当事人的陈述和申辩，并对当事人的申辩做出正确全面的回答，且不得因当事人申辩而加重处罚；④ 制作笔录，填写预定格式、编有号码的行政处罚决定书，决定书应载明当事人违法行为、行政处罚依据、罚款数额、时间、地点及行政机关名称，并由执法人员签名或盖章；⑤ 当场交付当事人行政处罚决定书，执行行政处罚并告知当事人所享有的救济权利；⑥ 处罚决定报所属行政机关备案。

（2）一般程序

行政处罚一般程序也称普通程序，适用于除简易程序和听证程序以外的其他行政处罚的决定。其步骤是：① 立案。行政主体将发现的、应当追究法律责任的违法活动登记立案的活动。② 调查取证。行政主体必须全面、客观、公正地调查搜集有关证据,执法人员不得少于两人,并向当事人或者相关人员出示证件以证实自己的执法人员身份。③ 告知当事人。做出处罚决定之前,行政主体应当告知当事人行政处罚的事实、理由及依据,并告知当事人依法享有的权利,包括陈述权、申辩权、要求听证权及对处罚不服而申请行政复议或提起行政诉讼的权利。④ 决定。调查终结,并听取当事人陈述、申辩或举行听证以后,行政机关负责人应当对调查结果进行审查,并根据不同情况分别做出决定。⑤ 送达。行政主体在做出处罚决定后,应当制作行政处罚决定书,并将其在宣告后当场交付当事人。当事人不在场的,行政机关应当在七日内依照民事诉讼法的有关规定,将行政处罚决定书送达当事人。送达方式包括直接送达、留置送达、邮寄送达和公告送达。行政处罚书一经送达,即产生法律效果。

(3) 听证程序

听证程序是行政处罚一般程序中的一道特殊环节,介于调查取证与做出行政处罚决定之间。并不是所有行政处罚案件都适用听证程序。《行政处罚法》规定,以下三种情况适用听证程序:① 责令停产停业;② 吊销许可证或执照;③ 较大数额罚款。这三种处罚当事人要求听证的,行政机关应当依法组织听证。

听证程序为:① 当事人要求听证的,应当在行政机关告知后三日内提出。② 行政机关应当在听证的七日前,通知当事人举行听证的时间、地点。③ 除涉及国家秘密、商业秘密或者个人隐私外,听证公开举行。④ 听证由行政机关指定的非本案调查人员主持,当事人认为主持人与本案有直接利害关系的,有权申请回避。⑤ 当事人可以亲自参加听证,也可以委托一至两人代理。⑥ 举行听证时,调查人员提出当事人违法的事实、证据和行政处罚建议;当事人进行申辩和质证。⑦ 听证应当制作笔录,笔录应当交当事人审核无误后签字或者盖章。⑧ 听证结束后,行政机关依法做出决定。

(三)行政强制

1. 行政强制的概念与特征

行政强制是指在行政过程中出现违反义务或者义务不履行的情况下,为了确保行政的实效性,维护和实现公共利益,由行政主体或者行政主体申请人民法院对公民、法人或者其他组织的财产,以及人身、自由等予以强制而采取的措施。

其一,行政强制的主体是行政主体和人民法院,实施行政强制必须依据法定权限。

其二,行政强制是针对行政过程中违反义务或者义务不履行的情况的行政相对人实施的强制。

其三，行政强制的目的在于确保行政的实效性，维护和实现公共利益。

其四，行政强制是典型的侵益性行政行为之一，对公民、法人或者其他组织的财产，以及人身、自由会造成损害，因此尤其强调“依法律行政”的原则。

行政强制包括行政强制措施和行政强制执行。行政强制措施，是指行政机关在行政管理过程中，为制止违法行为、防止证据损毁、避免危害发生、控制危险扩大等情形，依法对公民的人身自由实施暂时性限制，或者对公民、法人或者其他组织的财物实施暂时性控制的行为。行政强制执行，是指行政机关或者行政机关申请人民法院，对不履行行政决定的公民、法人或者其他组织，依法强制履行义务的行为。

2. 行政强制的原则

（1）法定原则。行政强制的设定、实施主体及其权限、范围、条件、程序均必须依据法律、法规的规定。

（2）适当原则。行政强制的设定和实施，应当适当。采用非强制手段可以达到行政管理目的的，不得设定和实施行政强制。

（3）教育与强制相结合原则。实施行政强制，应当坚持教育与强制相结合，不单纯以行政强制行为作为实现行政目的的手段。

（4）和解原则。实施行政强制执行，行政机关可以在不损害公共利益和他人合法权益的情况下，与当事人达成执行协议。

（5）救济原则。公民、法人或者其他组织对行政机关实施行政强制，享有陈述权、申辩权；有权依法申请行政复议或者提起行政诉讼；因行政机关违法实施行政强制受到损害的，有权依法要求赔偿。

3. 行政强制的种类

行政强制措施的种类包括：① 限制公民人身自由；② 查封场所、设施或者财物；③ 扣押财物；④ 冻结存款、汇款；⑤ 其他行政强制措施。

行政强制执行的种类包括：① 加处罚款或者滞纳金；② 划拨存款、汇款；③ 拍卖或者依法处理查封、扣押的场所、设施或者财物；④ 排除妨碍、恢复原状；⑤ 代履行；⑥ 其他强制执行方式。

4. 行政强制的程序

（1）行政强制措施的一般程序

行政主体实施行政强制措施应遵守下列规定：① 实施前须向行政机关负责人报告并经批准；② 由两名以上行政执法人员实施；③ 出示执法身份证件；④ 通知当事人到场；⑤ 当场告知当事人采取行政强制措施的理由、依据，以及当事人依法享有的权利、救济途径；⑥ 听取当事人的陈述和申辩；⑦ 制作现场笔录；⑧ 现场笔录由当事人和行政执法人员签名或者盖章，当事人拒绝的，在笔录中予以注明；⑨ 当事人不到场的，邀请见证人到场，由见证人和行政执法人员在现场笔录上签名或者盖章；⑩ 法律、法规规定的其他程序。

（2）行政强制执行的一般程序

① 督促催告。行政机关做出强制执行决定前，应当事先催告当事人履行义务。催告应当以书面形式做出，并载明下列事项：履行义务的期限；履行义务的方式；涉及金钱给付的，应当有明确的金额和给付方式；当事人依法享有的陈述权和申辩权。

② 做出行政强制执行并制作决定书。经催告，当事人逾期仍不履行行政决定，且无正当理由的，行政机关可以做出强制执行决定。

③ 中止执行的情形。有下列情形之一，中止执行：其一，当事人履行行政决定确有困难或者暂无履行能力的；其二，第三人对执行标的主张权利，确有理由的；其三，执行可能造成难以弥补的损失，且中止执行不损害公共利益的；其四，行政机关认为需要中止执行的其他情形。中止执行的情形消失后，行政机关应当恢复执行。对没有明显社会危害，当事人确无能力履行，中止执行满三年未恢复执行的，行政机关不再执行。

④ 终结执行的情形。有下列情形之一，终结执行：其一，公民死亡，无遗产可供执行，又无义务承受人的；其二，法人或者其他组织终止，无财产可供执行，又无义务承受人的；其三，执行标的灭失的；其四，据以执行的行政决定被撤销的；其五，行政机关认为需要终结执行的其他情形。

⑤ 执行和解。实施行政强制执行，行政机关可以在不损害公共利益和他人合法权益的情况下，与当事人达成执行协议。执行协议可以约定分阶段履行；当事人采取补救措施的，可以减免加处的罚款或者滞纳金。

⑥ 对强制执行的限制。行政机关不得在夜间或者法定节假日实施行政强制执行，但是，情况紧急的除外。行政机关不得对居民生活采取停止供水、供电、供热、供燃气等方式迫使当事人履行相关行政决定。对违法的建筑物、构筑物、设施等需要强制拆除的，应当由行政机关予以公告，限期当事人自行拆除。当事人在法定期限内不申请行政复议或者提起行政诉讼，又不拆除的，行政机关可以依法强制拆除。

（3）申请人民法院强制执行

① 申请条件。当事人在法定期限内不申请行政复议或者提起行政诉讼，又不履行行政决定的，没有行政强制执行权的行政机关可以自期限届满之日起三个月内，申请人民法院强制执行。

② 督促催告。行政机关申请人民法院强制执行前，应当催告当事人履行义

务。催告书送达十日后当事人仍未履行义务的，行政机关可以向所在地有管辖权的人民法院申请强制执行；执行对象是不动产的，向不动产所在地有管辖权的人民法院申请强制执行。

③ 行政主体提供的材料。行政机关向人民法院申请强制执行，需提供以下材料：强制执行申请书，行政决定书及做出决定的事实、理由和依据，当事人的意见及行政机关催告情况，申请强制执行标的情况，法律、行政法规规定的其他材料。

④ 人民法院受理时效规定。人民法院接到行政机关强制执行的申请，应当在五日内受理。行政机关对人民法院不予受理的裁定有异议的，可以在 15 日内向上一级人民法院申请复议，上一级人民法院应当自收到复议申请之日起 15 日内做出是否受理的裁定。人民法院对行政机关强制执行的申请进行书面审查，对符合规定，且行政决定具备法定执行效力的，人民法院应当自受理之日起七日内做出执行裁定。

⑤ 听取意见。人民法院发现有下列情形之一的，在做出裁定前可以听取被执行人和行政机关的意见：明显缺乏事实根据的；明显缺乏法律、法规依据的；其他明显违法并损害被执行人合法权益的。人民法院应当自受理之日起 30 日内做出是否执行的裁定。裁定不予执行的，应当说明理由，并在五日内将不予执行的裁定送达行政机关。行政机关对人民法院不予执行的裁定有异议的，可以自收到裁定之日起 15 日内向上一级人民法院申请复议，上一级人民法院应当自收到复议申请之日起 30 日内做出是否执行的裁定。

⑥ 立即执行的情形。因情况紧急，为保障公共安全，行政机关可以申请人民法院立即执行。经人民法院院长批准，人民法院应当自做出执行裁定之日起五日内执行。

【思考题】

1. 联系现实，如何认识行政法的意义和作用？

2. 行政法的基本原则包括哪些内容？

3. 结合行政法知识，谈谈如何运用法治思维和法治方式开展工作。

（许远旺）

第四章
公共管理基础

【阅读提示】

通过本章的学习，掌握公共管理的关键概念，包括公共管理、公共需要、公共物品、公共事务、公共组织、公共管理职能、公共管理环境；熟悉公共管理的特点、公共管理与企业管理的区别、公共组织的结构特点；了解公共管理的价值、公共管理环境及其作用等。能够尝试应用本章所学理论分析我国公共管理中出现的问题。

第一节　公共管理概述

一、管理的含义

管理是一种古老又年轻的社会现象，古老是说从人类社会之初就有管理活动的萌芽，年轻是说管理总是随着社会的发展而不断变化。一般认为管理是管理者在一定的环境和条件下，为了实现组织目标、动员和运用有效资源而进行的计划、组织、领导和控制等社会活动。管理的特征可以用5W1H来概括。

(1) 谁来管理(Who)。管理是由管理者引导的活动，管理者可以是以个人形式存在的领导者和管理者，也可以是以集体形式出现的决策者和领导者。

(2) 在什么情境下管理(Where)。管理是在一定的环境中进行的，包括组织内部环境和所处的外部环境。

(3)为了什么去管理(Why)。管理是为了实现组织目标。组织目标是管理活动的出发点和归宿，管理本质上就是为了有效实现组织目标而进行的活动。

(4) 管理所需要的各种资源是什么(What)。管理需要动员与配置资源，包括人力、物力、财力、时间、信息、机会等。

(5) 什么时间进行管理(When)。管理是在一定时间内进行的，时间对管理具有重要的意义。

(6)管理应该如何操作(How)。管理具有计划、组织、领导、控制的基本职能。

管理具有自然属性和社会属性两重属性。自然属性指管理的客观性、必然性，是与人类社会发展和劳动分工社会化相联系的必然产物；社会属性指管理的主观性、构建性，是按管理者的意志组织实施的过程，与生产关系相联系。

二、公共需要

个体在社会生活中有各种各样的需要，包括生理需要、安全需要、人际交往的需要、实现自我价值的需要等。在上述需要中，有些是可以分别满足的，如对食物的需要；有些则需要共同满足，如对良好生活环境的需要，后者一般称为公共需要。公共需要的客观存在是公共管理职能存在的重要原因。

1. 公共需要的含义

公共需要指满足社会公共利益的需要，诸如社会公共秩序的维护、防治水旱灾害、环境保护、国防建设等。这种需要不是个别需要的总和，而是共同利益，具有不可分割性。

2. 公共需要的特点

(1) 公共需要是全社会(全地区)的共同需要，反映全体社会成员的共同利益，社会愈发展，生产力愈发展，这种共同成分愈充分，共同利益愈明显。

(2) 公共需要具有整体性，无法分割。公共需要不是人们个别利益的混合。

(3) 公共需要不以人们的地位和收入为界限。公共需要与私人需要不同，私人需要是以地位和收入为界限的，不同收入水平有不同需要，富人和穷人的私人消费水平显然不同，而公共需要则不分富人和穷人。例如，在享受国防、环境卫生、交通秩序管理、防洪水利等利益方面，富人和穷人是完全平等的，同时也是机会均等的。

(4) 公共需要是一种有效需求，是社会总需求的一部分，等同于政府需求。社会总需求包括政府需求和私人需求。

3. 公共需要的类别

在社会主义初级阶段，公共需要可以划分为三类。

第一类，刚性的公共需要(典型的公共需要)。这类公共需要应该基本上或全部由国家解决。例如，行政、国防、城市公共设施、基础科研、环境保护、义务教育等。

第二类,有弹性的公共需要。对于这类公共需要,如果国家有力量包下来,当然由国家办更好,如果国家包不下来,而民间能够举办又愿意举办,则由民间举办更好。这类公共需要随着生产力的发展而得到进一步扩大,如职业教育、医疗卫生、交通、通讯、能源等。

第三类,随机的公共需要。根据国家宏观调控的需要,对某些产业进行投资。这些产业在一个阶段成为财政投资的重点,在另一些时候,则可能完全由市场调节。

当然,以上这些归类都是相对的。具体哪一类事业属于公共需要,并不是绝对不变的。一些事情,虽然可以归类为公共需要,但只要民间可以办,又愿意办,而且也并不妨碍社会公共利益,这种情况下就并不一定非得由政府负责,完全可以由市场去解决。再者,有些事情,虽然一直由民间举办,但如果出现民间办不了、不愿办的情况,而社会又特别需要,就可以由政府来举办。例如,农业通常是由民间举办的,但是,大片沙漠的改造、垦荒种植,民间不愿办、办不起,则应由国家办。总之,公共需要是随生产力发展而不断发展、不断扩大其范围的需要。

三、公共物品与公共事务

(一)公共物品

1. 公共物品的含义

公共物品是可以供社会成员共同享用的物品,严格意义上的公共物品具有非竞争性和非排他性。非竞争性,是指某人对公共物品的消费并不会影响别人同时消费该产品及其从中获得效用,即在给定的生产水平下,为另一个消费者提供这一物品所带来的边际成本为零。非排他性,是指某人在消费一种公共物品时,不能排除其他人消费这一物品(不论他们是否付费),或者排除的成本很高。

2. 公共物品的分类

(1) 纯公共物品:具有完全的非竞争性和非排他性,如国防和灯塔等,通常采用免费提供的方式。在现实生活中纯公共物品并不多见,更多的公共物品并不具有完全的非竞争性和非排他性。

(2) 准公共物品:具有有限的非竞争性和局部的排他性。即超过一定的临界点,非竞争性和非排他性就会消失,拥挤就会出现。准公共物品可以分为两类：公益物品，如义务教育、公共图书馆、博物馆、公园等；公共事业物品，也称自然垄断产品，如电信、电力、自来水、管道、煤气等。

3. 公共物品的特点

（1）公共物品都不具有消费的竞争性，即在给定的生产水平下，向一个额外消费者提供商品或服务的边际成本为零。

（2）消费的非排他性，即任何人都不能因为自己的消费而排除他人对该物品的消费。

（3）具有效用的不可分割性。公共物品是向整个社会共同提供的，整个社会的成员共同享用公共物品的效用，而不能将其分割为若干部分，分别归属于某些个人、家庭或企业享用。或者，按照谁付款谁受益的原则，限定为之付款的个人、家庭或企业享用。

（4）具有消费的强制性。公共物品是向整个社会供应的，整个社会成员共同享用它的效用。公共物品一经生产出来，提供给社会，社会成员一般没有选择余地，只能被动地接受。换句话说，公共物品不是自由竞争品，它具有高度的垄断性。公共物品的这一性质，提醒政府必须注意公共物品的质量和数量。公共物品的废品、次品一旦流入社会，其危害性远远大于私人产品。公共物品的数量不足，不能满足社会的需要，其危害性也是明显的。公共物品生产供应过度，也会对社会造成消极的影响。

（二）公共事务

1. 公共事务的含义

“公共事务”的概念产生于 18 世纪的西方国家，当时称为社会事务。现代社会公共事务具有复杂性和广泛性，涉及社会公众整体的生活质量和共同利益的事务，包括国防、行政管理、社会治安、法律事务、劳动管理、社会保障、教育、科学、卫生、文化等广泛的国家事务与社会事务。按照社会公共事务的性质，可将社会公共事务分为政治事务、经济事务、社会事务三类。

2. 公共事务的特征

（1）阶级性。在阶级社会中，社会的公共利益必然反映出统治阶级的利益要求，公共事务的具体内容也必然满足统治阶级的根本需要。

（2）公益性。公共事务的表现形式是公共物品与公共服务，公共物品与公共服务具有消费的非排他性，不能只为供给方单独享有，而应使社会成员普遍受益。因此，从形式上看，公共事务的受益对象是一定范围的社会公众。

（3）多样性。公众对公共物品和服务质与量方面的需求偏好千差万别，而且呈现出不断变化的趋势。这就决定了公共事务种类繁多,内容广泛,同时也决定了公共管理方式、方法的多样化。

(4) 层次性。公共事务所针对的是不同层次的公共问题,所涉及的社会成员范围有大有小,由此,公共事务可分为全球性公共事务、全国性公共事务和地方性公共事务等不同层次。其中,阶级性与公益性是公共事务的本质属性,多样性与层次性是公共事务的表现形式。

(5) 变化性。随着社会环境和社会发展水平的变化,具体的公共事务也在不断变化。例如,在现代社会中,基础教育是最重要的公共事务之一,而在古代,教育更多地表现为个体的爱好和追求。

无论是公共物品还是公共事务,都难以通过市场的方式有效地解决。在市场失灵的情况下,以政府为核心的公共部门需要承担为社会提供公共物品及管理公共事务的职责。公共部门履行这些职责的活动统称为公共管理。

四、公共管理

(一)公共管理的含义

由于公共部门的管理处在不断的改进和探索中,其内涵随实践的发展有进一步充实的可能,很多人从不同的角度对公共管理的某些特性做出了进一步描述,试图更全面地来理解公共管理,如公共管理是"传统公共行政的规范取向,以及一般管理工具取向的结合体""公共管理将公共行政视为一门职业,将公共管理者视为职业的实践者,公共管理关注那些能够将理念、政策转化为行政规则的管理工具、技术、知识和技巧"。

综合学术界对公共管理基本内涵的理解,公共管理是指社会公共组织为推进社会整体协调发展和增进社会公共利益,运用社会公共权力对社会公共事务实施的管理。公共管理包括"公共"和"管理"两个方面。"公共"是指公共管理的本质属性,它表明公共管理的本质是提供公共产品、管理社会公共事务,以满足社会公众需求;"管理"是指公共管理作为管理活动的一般属性,它表明公共管理是公共管理主体实施公共事务管理的一系列计划、组织、协调、控制等管理活动的总和。

(二)公共管理的基本要素

公共管理具有公共管理的主体、公共管理的客体、公共管理的过程与方式、公共管理的职责任务等要素。

1. 公共管理的主体

公共管理的主体主要是公共组织和准公共组织。以政府机构为主的公共组织是公共管理的主要组织，具有合法性和强制性，负有提供公共服务的主要责任。随着社会生活的复杂化和多样化，为了有效地弥补政府与市场的失灵，弥补市场功能与政府功能的不足，准公共组织即非营利组织也逐渐成为公共管理的重要主体。非营利组织是不以营利为目的、具有公益性的非政府公共组织。

2. 公共管理的客体

公共管理的客体即公共管理的对象，它指各类社会公共事务。

3. 公共管理的过程与方式

公共管理的过程是公共管理机构调动和组织相应的资源、运用必要的手段来实现公共管理目标的过程。公共部门最重要的资源是合法性，一方面，公共部门的合法性使公共组织的合法管理获得被管理者的认同；另一方面，公共部门的合法性使公共组织具有强制力和税收能力，强制力使公共部门具有维护公共利益的政治权威，税收能力则使公共部门具有实施公共项目的物质基础。

4. 公共管理的职责任务

管理社会公共事务，处理社会公共问题，提供或组织提供社会公共产品和服务，满足社会公众需要，增进社会公共利益，推进社会整体协调发展是公共管理的主要职责。社会公共问题是指涉及社会公众利益、影响社会发展进步的社会问题，如社会治安问题、市场秩序问题、人口问题、资源环境问题等。社会公共问题超出了个人和集团的范围，需要由政府和其他非政府公共组织来解决。

（三）公共管理的特点

公共管理具有公共性和一般管理两重属性。公共管理具有公共性，公共部门必须履行公共服务和社会管理的职能，公职人员必须忠实履行职责并依法行政，因而，公共管理是一种公共部门管理、法治管理和民主管理。同时，公共管理具有一般管理属性，这决定了公共管理是一种结果导向性的管理。公共部门必须提高公共服务的质量与效率，必须接受市场检测。因而，公共管理可以借鉴企业管理和市场运行的成功经验，运用市场机制和企业管理经验改革政府管理机制。总之，公共管理就是以结果为导向的公共部门管理，其目标是以更有效的方式提供公共服务和处理公共事务。

公共管理具有以下几个基本特点。

第一，公共管理的价值要求自身要与时俱进，不断地适应社会公共需求增长与变化的趋势，为公众提供充足优质的公共服务和公共产品。公共管理的方式也要随着时代的变化而不断变化，一方面，政府要与市场、社会形成合作伙伴关系，共同治理公共事务，实现良好的治理；另一方面，公共部门管理要借鉴企业管理的成功经验，提高政府管理的效率与质量，降低公共管理的成本。

第二，公共管理是一种多中心的新型治理模式。公共管理主体多元化是公共管理的基本特征，公共管理主体包括行政组织、非政府公共组织和社会其他组织等类别，不同的公共管理主体根据自身的不同特点，在公共管理过程中发挥着各自不同的作用。公共管理强调政府与非政府组织、企业组织建立合作伙伴关系，建立合作治理的网络，以实现良好的治理。

第三，公共管理高度重视政府自身的改革与再造，高度重视公共事务管理的方式创新与制度创新。政府部门的改革、再造、创新是公共管理研究的重点，这充分反映了公共管理理论与实务紧密结合的特点。在全球化的背景下，公共事务管理的具体内容逐渐扩大，出现了全球范围的公共事务。在新形势下，传统公共事务管理方式已经落后于经济社会发展的需要，不能适应当代公共事务复杂性日益增加、整体性不断增强的时代需要，因而公共管理必须不断地进行方式创新与制度创新。

第四，公共管理在坚持公共部门公共性的前提下，适当借鉴市场机制和企业管理的具体手段与方式，改革公共部门的运作机制，提高公共服务的质量与效率。当然，公共管理不是简单地照搬企业管理的方法，而要结合公共部门的特点，建立公共部门的战略管理、目标管理、竞争管理机制以提高公共部门管理的效率与质量。

第五，公共管理重视协调与外部环境的关系，强调适应外部环境的变化，以更有效地实现公共管理目标。

第六，公共管理强调公平与效率、责任的统一。公共管理不仅重视经济、效率、效能，而且更重视公平、正义和民主；公共管理在主张弹性、自主管理、授予权能的同时，更强调责任的重要性，并主张制定客观有效的绩效测量标准来测量政府工作的结果，从而落实政府的责任。

五、公共管理与企业管理的区别

现实来看，公共部门与私人部门的界限尽管不是那么明晰，但是二者皆为整个社会不可或缺的组成部分，公共领域和私人领域经常是相连的和互动的。但是以政府为核心的公共管理与企业管理毕竟是两种不同类型的组织和实体，其组织性质决定了二者之间存在着本质的区别，反映在组织管理和运作中，不可避免地会出现差异。现将二者的差异分析如下。

（一）政治权威与经济权威

公共管理是一种活动，这种活动在本质上是国家的活动。因此，公共管理不可避免地包括政治权威的作用，公共管理的主体则是政府。波兹曼认为公共管理就是政治权威的管理，这说明了公共管理的本质。私人部门或组织的管理，在很大程度上也是权威的行使，但这种权威是市场的权威或经济的权威。这种权威往往不能以国家强制力为后盾。

（二）多元制衡与自主性

我国的公共管理是在社会主义制度的框架下进行的。我国的政府部门虽然较重视层级制的权威，但大多数情况下，还处于各种政治力量相互作用的环境中，因此，公共管理的过程充满了政治气氛，公共管理的自主性不同程度地会受到影响。私人部门的管理固然也受到各种权威及政治环境的影响，但这种影响与公共管理不可比拟，因而，私人部门管理有相对充分的管理自主权。

（三）公共利益与私人利益

就公共利益而言，政府具有促进和实现公共利益的义务和责任，这是公共管理区别于私人管理的一个重要特征。公共管理应当将公共利益作为自己行动的出发点，当代公共管理的一个核心议题就是如何保证政府及其管理者能够代表并回应公共的利益。相反，私人组织和部门往往是个人利益最大化的追求者，经济利润不仅是其管理的底线，而且往往被视为具有积极的经济和社会价值，当然，私人企业对经济利益的追求不能损害社会中其他人的权益和利益。

（四）法的支配与意思自治

政府部门可以依据不同的具体情况采取相应的行政行为，但是应在法律规定的范围内，受到法的支配，这是法治国家的基本要求和原则。相较于公共管理的严格受法律支配而言，私领域的管理更多遵循的是契约自由和意思自治，拥有高度的管理裁量权，其内部管理和外部的交易活动完全可以按自己的意思进行。

（五）政府与市场

政府与市场是现代社会的两大控制体系，公共管理与私人部门管理的一个重要区别之处就在于政府与市场的区别与差异。与企业组织不同，政府提供的产品及服务往往面对的不是自由、充满竞争的市场。具体而言，这种差异表现在垄断与市场、公共产品与私人产品、自由与依赖、利润与支持几个方面。

（六）多元理性与经济理性

公共部门处在各种社会力量作用的中心，公共管理事实上也承担着社会价值权威性分配的职责。政府治理中的理性往往是多元理性，需要综合考虑各种利益和价值的平衡。私人部门的管理，因为组织属性和职能有限，所以造成的社会影响面较小，不易形成整体社会作用，因而其管理大多为工具的经济理性考虑，通常不顾及或少顾及其他理性的考虑。

由于存在以上区别，因此在借鉴市场和企业管理经验时，公共管理者必须保持足够的谨慎。

第二节　公共管理系统

公共管理是一系列的行为过程，其目的是管理社会公共事务，合理有效地配置社会公共资源，为社会的经济发展提供良好的外部环境，进一步提高人们的生活水平和质量。在这一过程中，必然会出现行为的主体、客体及手段之间的联系，公共管理实际上体现为这三方面的相互作用、相互影响、相互制约的有机统一系统。

一、公共管理主体

公共管理主体是公共管理过程中的主体要素，对公共管理职能的实现有着决定性的作用。关于公共管理主体的含义，学术界存在两种观点：一种观点是把公共管理主体限定为公共组织体系，包括政府组织与非政府组织两大类。这种观点内部也存在差异，有的认为，公共管理主体是政府和非政府公共机构；也有的认为，公共管理主体除政府外，还有立法机关、司法机关和其他公共组织；还有的认为，公共管理主体除政府外，还有中国共产党、全国人民代表大会及其常务委员会、司法机关、中国人民政治协商会议、民主党派，以及授权管理社会公共事务的社会中介组织等。另一种观点是将公共管理主体理解为甚至等同于公共组织的组成人员。

（一）公共管理主体的构成

公共管理主体的内涵应该包括组织和个体两个层面。所谓公共管理主体，就是指在公共事务管理的过程中，以实现公共利益为目的，按照一定程序，运用公共权力，提供公共物品与公共服务的公共组织和个人。政府毫无疑问是公共管理的主体，而且是核心主体，除政府外，我国的事业单位和非营利组织同样承担相应的公共管理责任。政府、事业单位和非营利组织（非政府组织）共同构成了我国公共管理的主体。

（二）公共管理主体的特点

1. 公共性

从行为性质及目的来看，公共管理主体从事的是社会公共事务的管理工作，其行为的直接诉求是获取公共利益，提供公共服务，创造公共产品，服务于社会公共生活，即维持社会秩序、对社会价值进行再分配等。

2. 合法性

从其产生来讲，公共管理主体必须根据社会公共生活的实际需要，按照国家有关法律、法规所规定的原则和程序依法进行审批和设置。从行为方式及过程来讲，公共管理主体必须严格遵循相关的法律程序或内部规定，依法规范自己的管理行为，在法律或章程的范围内自觉履行公共管理的职责。

3. 层次性

社会公共事务的复杂性与多元性，不同事务的范围、性质具有程度上的轻重之别，这就决定了公共管理主体之间及各自内部具有不同的层级设置，各自所拥有的权责状况及其相应的地位所产生的影响大小各不相同，各自应该管理的公共事务内容也相差很大。

4. 合作性

在现代社会，公共管理主体多元发展，政府组织、事业单位与非政府组织进行着合理的多元分化和相互渗透，不同主体之间互相配合、相互监督，呈现出一种良性的互动关系。

5. 开放性

随着社会自治能力的提升，越来越多的社会自治组织不断加入到公共事务的管理中来，具体承担着公共产品、公共服务的提供，政府不再是公共管理的唯一主体，公共管理的主体结构逐渐从封闭走向开放。

二、公共管理环境

对环境进行研究，我们从一般公共管理环境和具体公共管理环境两个层面进行界定。

（一）一般公共管理环境

一般公共管理环境是指公共管理的宏观环境或外部环境，包括公共行政赖以生存和发展的自然地理环境，以及政治、经济、文化环境和国际环境。

首先，一般公共管理环境包含自然地理环境。自然地理环境是人类活动的物质条件，如空气、水系、土地、气候、矿产资源，以及由各种微生物、动植物构成的生态系统。公共管理活动必须顺应、维护或有效利用自然地理环境，否则，自然地理环境的恶化也将制约公共管理发展的空间。

其次，一般公共管理环境包含社会环境，如政治环境、经济环境、文化环境和国际环境，以及特定社会环境和团体社会环境。这些社会环境决定、制约、影响着公共管理的功能、结构和运行。其中，政治环境包括政治制度、政党制度、政治气候、公民参与等；经济环境包括经济结构、经济体制、经济制度、经济价值观念、意识形态、行为规范等；国际环境包括国际形势、国家关系、对外政策、国际分工等；特定社会环境是指与公共组织在功能上有直接关系的环境因素；团体社会环境是指众多利益团体互相依赖与影响的环境因素。

（二）具体公共管理环境

具体公共管理环境是指组织环境或内部环境、微观环境，它具体而直接地影响和作用于公共组织，包括物理环境、心理环境和文化环境等。物理环境要素包括工作地点的空气、照明、声音、色彩等。心理环境指组织内部的精神环境，它制约着组织成员的士气和合作程度。文化环境既包括组织制度，如组织流程、规章制度、考核制度、组织结构等；又包括组织文化，如价值观念、组织信念、管理哲学、组织精神等。公共管理的内部环境比较稳定，能够抵御或应对一般的环境压力。

研究和分析公共管理环境，对于公共组织正确认识和适应客观环境，提高公共管理水平，实现公共管理目标，具有十分重要的意义。

首先，公共管理环境是公共管理学研究的逻辑起点。只有通过研究公共管理环境问题，深入探究公共管理环境的发展规律，充分认识公共管理环境系统对公共组织的影响，以及公共组织对公共环境的能动作用，才有可能更加深入地了解和指导公共管理活动。

其次，公共管理环境是环境系统的重要组成部分。对公共组织所处环境进行研究的目的在于认识、利用和更好地适应客观环境，从而创造良好的公共管理环境，促进公共组织系统与环境系统保持动态平衡。

最后，公共管理环境决定公共管理，但公共管理又影响公共管理环境。这也要求公共管理者必须认真研究公共管理环境，以及管理对象的特点、条件和要求，研究其运动、变化和发展的规律。

三、行政管理体制

（一）行政管理体制的含义

行政管理体制是一种由行政管理机构、管理权限、管理制度、管理工作、管理人员等有机构成的管理系统。一般来说，行政管理体制是指一个国家行政机构设置、行政职权划分及为保证行政管理顺利进行而建立的一切规章制度的总称。所以，从本质上说，行政管理体制就是一个国家的政体及其管理制度的集中反映。从运行状态上说，它就是一种由行政管理机构、管理权限、管理制度、管理工作、管理人员等有机构成的管理系统。

行政管理体制的含义包括以下几个要点。

1. 行政管理体制的核心是各级行政机构的权力和职责的划分

任何行政管理体制的建立、改革与完善，都是围绕着行政政权的划分或分配进行的。所以，行政职权是构成行政管理体制的基本要素，行政职权的划分或分配在行政管理体制中占有重要地位。

2. 行政机构是行政管理体制的载体或组织形式

如果没有一定的行政机构，行政人员就无法行使行政职权，行政管理职能就不能发挥作用，行政管理体制也就失去了存在的形式。因此，行政管理体制的建立、改革和完善，总是伴随着行政机构的建立、改革和完善而进行的。

3. 规章制度和法律程序是行政管理体制的组成部分

没有一定的规章制度和法律程序，行政职权就不能很好地使用，行政机构就不能很好地运行，行政管理体制也就失去了意义。因此，建立健全必要的规章制度和法律程序是建立和完善行政管理体制不可缺少的一环。

（二）行政管理体制的影响因素

一个国家行政管理体制的形成受各种因素的影响。深入分析这些影响因素,不仅有助于深刻理解行政管理体制的含义,而且对于行政管理体制的建立和不断改革、完善也有极其重要的意义。一般来说,影响行政管理体制的主要因素有以下几个。

1. 经济基础

行政管理体制属上层建筑范畴,它是国家政治体制的一个组成部分。因此,行政管理体制的形成和变化,必然要受经济基础的影响。正如恩格斯所说,每一时代的社会经济结构形成现实基础,每一历史时期由法律设施和政治设施,以及宗教的、哲学的和其他的观点所构成的全部上层建筑,归根到底都是应由这个基础来说明的。

在经济基础中,影响行政管理体制最主要的因素就是所有制形式。因此,不同社会制度的国家,尽管行政管理体制在某些形式上相似,但其本质却是不同的。二者的主要区别是,在公有制条件下,行政管理体制建立的宗旨是为广大劳动人民服务的,是人民当家做主的；而在私有制条件下,行政管理体制建立的宗旨则是为少数剥削阶级服务的,是压迫和剥削广大劳动人民的工具。

2. 国家的基本政治制度

一个国家的基本政治制度,主要包括国家政权的阶级性质、组织形式及管理形式等。它与经济基础、经济制度一起对行政管理体制产生重大影响。如前所述,行政管理体制是一个国家的政治体制的有机组成部分,所以它就不能不受政治制度的影响。同时,在阶级社会中,一个国家的政治制度是该国家一定阶级关系和阶级利益的体现,因此行政管理体制也就不能不打上阶级的烙印,具有一定的阶级属性。此外,有些政治制度,例如社会主义国家实行的民主集中制,在行政管理体制中加以贯彻,也不能不影响它的权力分配方式、决策方式及组织机构的设置等。

当今世界,不受基本政治制度影响的行政管理体制是不存在的。同样,一个国家的行政管理体制在某种程度上也影响着本国的政治制度。它们的基本关系主要有两种：一方面,政治制度决定着本国行政管理体制的性质和管理的基本方式;另一方面,行政管理体制必须与本国的基本政治制度相适应、相协调并为之服务。

3. 民族文化传统

一个国家或民族共同体，在长期的历史发展中形成了一定的政治观念、思想观念和价值观念，这些观念进而形成一些约定俗成的民族传统习惯。所有这些，都对一个国家的行政管理体制的建立和特征产生着重要影响，并且这种影响往往还是长久的、潜在的。中华民族有着悠久的历史和独特的民族文化传统，但是这些文化传统中既有精华又有糟粕。因此，正确地吸取本民族优秀的文化传统，结合时代发展的要求，去其糟粕，取其精华，对于建立具有中国特色的社会主义行政体制有着重要意义。

此外，一个国家的行政管理体制不仅受本国民族文化的影响，而且受国外思想文化的影响。对于国外的思想文化，我们同样要坚持一分为二的观点，要吸取有益的东西，而不能不加批判地照搬照抄、全盘接受。

（三）行政管理体制的地位和作用

确立国家行政管理体制，对于搞好国家行政管理乃至推动整个社会主义事业的发展具有举足轻重的作用，归纳起来主要表现在以下几个方面。

1. 有利于发展社会生产力和发挥社会主义制度优越性

我国行政管理的最终目的与社会主义生产目的是一致的，就是要不断促进和保证社会生产力的发展，更好地发挥社会主义制度优越性，最大限度地满足广大人民不断提高的物质和文化生活的需要。而要做到这一点，就必须科学规划、确立和不断完善社会主义行政管理体制，从而建立起职能齐全、运转协调、充满活力、富有效率的各级行政管理机构，充分发挥各级行政人员的社会主义积极性和创造性。过去，在我国行政管理体制中是存在着种种弊病的。这些弊病的存在不利于行政管理效率的提高，从而也就不利于社会生产力的发展和社会主义制度优越性的充分发挥，因此必须要进行全面改革。

2. 有利于国家的安定团结

在社会主义条件下，科学规划并确立国家行政管理体制，就意味着能够理顺各种关系，充分调动各方面的积极性；意味着能够保证广大劳动人民当家做主、安居乐业，从而维护国家的安定团结，促进国民经济的不断发展。为此，加快行政管理体制的改革，克服目前行政管理中存在的弊病，对于搞好廉政建设、进一步加强党和政府同群众的联系，从而保证国家的长治久安、经济繁荣有着重要意义。

3. 有利于国民经济的协调发展

缺乏政府宏观管理，经济就会出现波动和不稳定。在社会主义条件下，发展社会主义市场经济，不仅要搞活企业，发挥市场机制的作用，而且要由国家政府部门加强宏观指导和宏观控制。只有这样，才能保证国民经济协调稳定地发展。

4. 有利于干部的选拔和任用

搞好行政管理，关键在于培养造就、选拔任用大批优秀管理干部。科学规划并确立国家行政管理体制，包括正确地制定各级干部的选拔任用制度。这样可以保证把大批真正德才兼备、联系群众、富有开拓精神的优秀干部选用到各级领导岗位上来，使他们在恰当的岗位上充分发挥自己的才干。反之，如果没有一套正确的干部人事制度，大批的人才就会被埋没。不但行政管理搞不好，国家的兴旺发达也没有希望。为此，能否正确并有效地培养、考核、选拔、任用大批优秀干部，既是行政管理体制是否合理的标志，又是其能否充分发挥作用的前提和保证。

（四）行政管理体制的主要内容

行政管理体制就其一般内容来说，包括行政权力的划分、行政机构的设置，以及为保证行政管理顺利进行所制定的各项规章制度和法律程序。而就其权力分配和管理方式来说，它主要包括以下内容。

1. 行政权力体制

行政权力体制是指一个国家的行政机关与其他国家机关、政党组织、群众团体等之间的权力分配关系及其制度的总称。其中心内容是指国家行政机关在该国政治体制中所拥有的职权范围和权力地位，对此通常由宪法和法律做出明确规定。一个国家行政权力体制的合理化、科学化程序是衡量该国政治体制、行政体制合理化、科学化程度的主要标志。行政机关在该国权力结构体系中的权力地位，直接影响着行政管理活动的权限、范围和效应，直接关系事权的多少和职能的大小，因此，可以说，它是行政管理体制的重要组成部分。

2. 政府首脑体制

政府首脑体制是指现代各国最高行政权力的代表者与其实际执行者之间权力关系的制度，国家之间与政府首脑之间的最高行政权力的配置关系。

3. 中央政府体制

中央政府体制是指一个国家代表统治阶级领导和管理全国行政工作的最高行政机关的职权划分、组织形式及管理方式等制度的总称。它是行政管理体制的核心部分，直接影响着行政管理的性质和效率，关系整个国家机器的运转状况。

4. 行政区划体制

行政区划体制是指国家为实现有效的行政管理，依据一定的原则，将全国划分为若干层次的区划单位，并建立相应的行政机关的一种制度，亦称行政区域划分建制。

第三节　公共管理职能

一、公共管理职能

（一）公共管理职能的含义

公共管理职能是指公共组织在履行公共责任，实现公共目标，向社会提供公共物品和服务的过程中所体现出来的功效与作用。该定义表明公共管理职能具有以下含义。

第一，公共管理职能与公共管理目的相联系。在公共管理过程中，公共管理目的具体表现为公共管理目标与公共组织动机的统一。公共管理目的从价值形态上表明了公共组织存在的必要性。公共管理目的引导着公共管理职能，即为了实现公共管理目的而相应设定公共管理职能。

第二，公共管理职能的实施者是整个公共组织系统，包括政府组织与非政府公共组织及其所属工作人员。

第三，公共管理职能的内容涉及整个社会公共事务，诸如外交、国防、公安、文化、教育、科技、卫生、交通、能源、信息、资源等。它们构成了公共管理的工作范围。同时，公共管理职能还涉及公共组织为完成上述任务而对自身机构所进行的管理活动。

第四，公共管理职能行使的依据是宪法和法律赋予公共管理主体的权力。为完成公共管理任务，实现公共管理目标，国家必然要赋予公共管理主体一定的权力，公共管理正是通过运用这些权力来实现其职能的。

第五，公共管理职能是一个完整的体系。从静态方面来看，公共管理职能由多要素构成，各要素纵横交错，形成了严密的结构；从动态方面来看，整个职能体系的运行环环相扣，既相互作用又相互制约。因此，对公共管理职能进行分类考察，从整体上予以把握，正确处理好职能系统内部各部分的关系，以及系统与外在环境的相互关系，有利于促进公共管理职能体系的科学化。

（二）公共管理职能的特点

公共管理职能的特点是与公共管理的特殊性联系在一起的，归结起来有以下几个方面。

1. 公共性

公共管理产生于对社会共同事务的管理的需要，因而公共管理的主体、目的、性质、特点、社会责任等方面都体现了公共性，与私人管理的私人性有着明显的差别，这种差别在本章第一节已做了明确的表述。基于此，公共管理职能便具有了明显的公共性特征。

2. 服务性

从利益关系上来说，服务这个概念包含了两层意思：其一，将工作对象的利益放在首位，少考虑，甚至不考虑自身的利益；其二，在从事某种事业时，既使自己获利，也为别人提供了方便。

3. 多样性

公共管理职能的内容之所以具有多样性的特征，主要是由公共管理所作用的客体决定的。在管理领域方面，公共管理涉及社会经济、政治、文化，以及其他社会公共事务等方面的内容；其运行过程又具有决策、计划、组织、协调、控制等一系列环节和步骤。此外，管理层次还有高、中、低层次之别等。这些都包含着与之相应的复杂的内容，因而公共管理的职能是多样的。

4. 交叉性

公共管理职能作为一个系统，其中的各种职能相互联系而形成了一种交叉关系。首先表现为任务系统职能体系与程序系统职能体系之间存在着不可分割的关系，也就是说，公共管理内容方面的各种职能必须通过管理主体对管理过程的职能的行使才能实现；反之，公共管理过程方面的各种职能，也只有与公共管理的各项任务相结合，才能发挥出它的实际作用。

5. 动态性

公共管理职能不是静止不变的，它随着社会经济、政治和科学技术的发展，以及不同历史时期的形势和任务的变化而发生变化。这种变化从时间的流动和空间的转换上明显地表现出来。

二、公共管理职能的内容

公共管理职能体系是一个相互交错着的多层次、多元化的结构体系。从总体上来看，一切管理组织的职能都可在同一层面上分为两大系统：一是以管理的内容为目标的任务系统，一是以管理的过程为对象的程序系统。

（一）公共管理任务系统职能

进入20世纪90年代，我国开始逐步建立社会主义市场经济体制。适应市场经济管理体制需要的公共管理任务系统职能应包括如下内容。

1. 服务职能

公共管理职能具有“服务性”的特征，这种服务与私人管理的“服务”有着本质的区别。公共管理的服务职能是公共管理活动的根本职能，在公共组织的活动内容中明显地表现出来。

2. 经济职能

对公共经济事务的管理是公共管理的主要内容之一，因此，经济职能便成了公共管理的重要职能。政府的经济职能主要有以下几个：(1) 提供社会公共产品。(2) 保护共有资源和环境。(3) 建立和保持市场竞争制度。(4) 调节经济运行过程。(5) 收入再分配。

3. 政策与法律职能

政策与法律，从本质上来说，具有相同的性质，它们都是以统治阶级的政治权力为基础，取决并服务于政治权力的要求，实现维护、巩固阶级统治的目的。现代公共管理要实现民主化、科学化、法制化的管理，离不开公共政策的指导作用，离不开法律的规范作用。因而，无论政府组织还是非政府组织，都具有政策与法律职能，虽然在发挥具体作用上有一定差异。

4. 社会保障职能

社会保障，从经济学和社会学的角度来理解，一般是指国家和社会通过对国民收入进行再分配，形成社会消费基金，对由于各种原因而出现生存困难的社会成员给予物质上的帮助，以保证其基本生活的一种制度。站在国家管理与社会管理的角度，广义地看，即可将社会保障理解为包括物质帮助在内的，为满足人的需要，对经济的发展和社会的进步起保护、保证作用的措施、制度、活动。

（二）公共管理程序系统职能

公共管理的程序系统职能是由公共管理的活动过程构成的，主要包括决策职能、计划职能、组织职能、协调职能和控制职能。

1. 决策职能

决策职能是公共管理过程中的首要职能。决策是公共管理者在处理公共管理问题中，根据实际情况和条件，对可供选择的方案做出最优选择，以有效达成预定目标的活动。

2. 计划职能

计划是未来行动的方案。公共管理计划职能就是公共管理部门为了实现既定的公共决策目标，对目标内容进行科学分解，测算所需的人力、财力、物力，拟定具体的实施步骤，确定具体的实施方法，提出相应的政策、策略等一系列的管理活动。

3. 组织职能

组织职能就是针对决策目标和计划所规定的任务，落实机构与人员，划分权力与责任，配备财力与物力，从而将组织内部各个要素联结成一个有机整体，以有效地开展活动。

4. 协调职能

协调职能是指在公共管理过程中对各管理部门之间、管理人员之间，以及各项管理活动之间的关系进行调整和改善，使之按照分工协作的原则，互相支持、密切配合、步调一致，共同完成预定的工作任务。

5. 控制职能

控制职能是指按照公共管理计划标准，衡量计划完成情况并纠正计划执行中的偏差，以确保计划目标的实现。

三、我国公共管理职能的转变

自中共十一届三中全会以来，我国政府公共管理职能进行了一系列的转变，主要内容包括职能重点的转变、职能方式的转变及职能关系的转变。

1. 职能重点的转变

中华人民共和国成立后，由于“左”的思想路线长期占据着党和国家的统治地位，在长达近30年中，在公共管理职能方面，一直是重政治统治职能，轻社会管理职能；重阶级斗争，轻经济建设。中共十一届三中全会以后，国家的工作重点发生了转移，由过去的“以阶级斗争为纲”，转变为以经济建设为中心；由过去的重政治统治职能，转变为加强民主法制建设职能，从而实现了政府公共管理职能重心的根本转变。

2. 职能方式的转变

为适应公共管理职能重心的转变，我国政府在职能方式上也进行了转变。主要表现为：由运用行政手段为主转向运用经济手段为主；由微观管理、直接管理为主转向宏观管理、间接管理为主；由重视计划、排斥市场转向把计划与市场有机结合起来。

3. 职能关系的转变

职能关系问题涉及由谁来行使何种职能，以及管理主体之间职责权限的划分问题。主要包括以下四个方面：（1）理顺中央与地方、上级与下级政府之间的职能关系。（2）理顺政府内部各职能部门的关系。（3）理顺政企关系。（4）理顺政府与非政府组织的关系。

第四节　公共组织

一、组织的含义

从广义上说，组织是指由诸多要素按照一定方式相互联系起来的系统。从狭义上说，组织就是指人们为实现一定的目标，互相协作结合而成的集体或团体，如党团组织、工会组织、企业、军事组织等。狭义的组织专门指人群而言，运用于社会管理之中。在现代社会生活中，组织是人们按照一定的目的、任务和形式编制起来的社会集团，组织不仅是社会的细胞、社会的基本单元，而且可以说是社会的基础。从管理学的角度来说，所谓组织，是指这样一个社会实体，它具有明确的目标导向和精心设计的结构与有意识协调的活动系统，同时又同外部环境保持密切的联系。在此，我们将组织定义为在一定的社会环境中，人们通过相互交往形成的具有共同心理意识，并为了实现某一特定目标而按一定的方式联合起来的有机整体。

当然，并不是所有人的集合都可以称为组织，组织首先是交往形成的行为关系的集合，一个组织应该有特定的目标，而且有一定的结构与行为方式和内在文化。除此之外，一个好的组织还应该是一个开放的系统，能够与外界进行人员、资金、信息等各种类型的交换。其中，组织目标与组织行为是组织的本质特性，尤其是组织目标，被视为组织进行系统研究的逻辑起点。

二、公共组织的构成要素

广义的公共组织是以管理社会公共事务、协调社会公共利益关系为目的的组织，它既包括政府组织，也包含第三部门组织。狭义的公共组织指国家机关组织。

公共组织的要素包括人员、目标、职能、机构、职位、职权、权责、规章制度、团体意识、组织设计、支持硬件、技术信息等。任何组织都是以人为核心的，首先是人际关系的体现。组织目标决定着组织行为的方式和组织发展的方向。职能范围是组织目标的具体化。职位设置保证了组织权力的流动和组织资源的整合与分配。规章制度是正式与非正式组织最明显的区别之一。组织设计是公共组织构成诸要素中最为复杂的部分。

三、公共组织的类型

1. 按财务—会计标准分类

政府机构、教育组织、健康和福利组织、宗教组织、慈善组织、基金会。

2. 按公共权力标准分类

(1) 强制型公共组织，主要指政府部门。(2) 半强制型公共组织，如仲裁委员会、消费者权益保障委员会等。(3) 非强制型公共组织，如学校、研究所、基金会、文化团体等。

3. 按权威与等级结构标准分类

(1) 古典模型。古典模型建立在行政管理等古典组织理论的基础上，强调在最高职位中建立权威和明确责任管辖范围，再依次往下对各个行政级别职位进行权限的划分与再划分。效率是追求的首要价值，专业化与协作是组织的基本要素。

古典模型具有如下特点：第一，组织具有四个基础，即目标（安全、教育、卫生等）、过程（管理环节）、顾客（服务对象）、领域（管理空间）。第二，组织中的基础有一个必须赋予优先地位。第三，行政部门在最高层次上按主要目标组建，每个部门包含一切有助于实现组织目标的活动。第四，任何上级仅能有效监督数量有限的直接下属。第五，行政权威和责任授予单一行政人员而非董事会或委员会这样的多成员机构。第六，垂直领导活动与参谋活动被严格加以区分。

(2) 官僚模型。官僚模型的理论基础是韦伯创立的官僚理论。官僚理论与古典组织理论在许多认识上一致，但其更加强调稳定的服从必须依靠合法性的信念和对系统命令的服从。韦伯认为，官僚模型是最适合复杂组织的形式。官僚模型的基础是理性—合法权威，即根据在组织内所处地位而产生的职权，行政人员的职权依理性建立的标准、法律和规章制度来确定，也就是说，组织不是依靠个体而是靠非人格化的规则来管理的，理性意味着效率。纯粹官僚模型具有如下特点：第一，基于职能专业化的劳动分工。第二，有明确的职权等级制度。第三，有与任职者和职责相关的规章制度。第四，有处理工作的程序系统。第五，人与人之间关系的非人格化。第六，雇员的选择与提升以其技术能力为基础。

（3）第三部门行政模型。特点：第一，公共事务往往由多人的董事会或委员会进行管理，代表多元利益，职权与责任授予单一行政人员的原则受到挑战。第二，政府在很多时候将工作通过合同委托给第三部门完成，政府官员在处理这些事务时用不上等级权力。第三，政府不可能轻易地监督组织之外的代理商，政府也不能随意利用等级命令来取消合同。第四，行政组织不是孤立地处理公共事务，它往往与其他公共组织形成一个网络，通过组织互动来实现目标。

四、公共组织的结构

（一）管理层次和管理幅度

管理层次与管理幅度是两个紧密联系的概念。管理层次是指公共组织内部纵向划分的等级数。管理幅度是指一名管理者或一个组织有效管理的下级人员或单位、部门的数目。管理幅度是衡量管理工作复杂性的重要标志。管理层次与管理幅度在一定规模的组织内呈反比例关系。管理层次越多，管理幅度越小；管理层次越小，管理幅度越大。管理层次多、管理幅度小的组织结构被称为“尖形结构”，特点是管理层次分明，上级对下级控制严格、影响力强。优点是权力集中、分工明确，便于统一行动。但可能因为信息传递过长而出现失真，决策走样。此外，可能阻碍了下级积极性、主动性的发挥，管理容易走向僵化。管理层次少、幅度大的组织结构被称为“扁平结构”，特点是层次少，信息传递迅速，不易失真，下级人员具有较大的自主性和空间，但可能出现相对松散、集体行动难度较大的情况。

（二）公共组织的结构形式

传统的公共组织结构有四种：直线结构、职能结构、直线-职能结构和矩阵结构。

1. 直线结构

直线结构的特点是单一垂直领导，结构简单，领导隶属关系明确，主要为规模不大、工作较为简单的公共组织所采用。

2. 职能结构

职能结构是相关部门在水平方向依职能不同进行分工,再分别对下级部门领导的结构。

3. 直线-职能结构

各级部门之间既有垂直领导关系,又有水平领导关系。潜在的缺陷是垂直领导可能排斥水平领导,部门之间的关系更加复杂。

4. 矩阵结构

矩阵结构以完成某项工作为核心,从有关部门抽调人员组成临时机构来履行工作任务的结构,它的垂直领导和水平领导是并重的。矩阵组织因为更加灵活,适应能力更强,所以被称为适应性组织。

(三)我国政府组织的结构

1. 纵向结构

宏观上的纵向结构是指各级行政组织间的层级关系,我国的行政组织可以分为中央行政组织和地方行政组织两大层次。地方行政组织又可分为两级制、三级制、四级制。另外,还设有特别行政区,它享有高度的自治权,除外交和国防事务外,享有行政管理权、立法权、独立的司法权和终审权,可以用"中国××"的名义进行国际经济文化交流。

微观上的纵向结构指行政组织内部的工作层次关系。

2. 横向结构

按照职能来划分部门是最普遍的方式,政府机关成立时大都采用这种方式。我国行政管理部门按职能大体可以分为业务部门和辅助部门,此外,还有按地区划分、按服务对象划分、按行业与产品类型划分等。

在我国,整体上行政组织中的横向结构服从于纵向结构。

(四)行政体制的基本类型

1. 首长制和委员制

这是根据行政决策权所属人数进行的划分,也可称为领导体制。首长制又称为一长制或独任制,是指行政组织的法定最高决策权归于一个行政首长执掌的组织体制。古代君主制是首长制,美国总统制是典型的首长制。委员制又称合议制,是指行政组织的法定最高决策权由两个以上的委员通过委员会议集体执掌的组织体制。古罗马元老制是委员制,瑞士联邦委员会是典型的委员制,中华人民共和国成立初期的政务院实行的也是委员制。首长制与委员制各有优势，美国行政学者怀特认为，首长制适合于执行与指导事务，而委员制则适合政策寻求与决定事务。

我国在中华人民共和国成立初期曾广泛实行委员制，1954 年宪法大体上采取了首长制与委员制相结合的体制。我国目前很多政府部门采取的仍然是首长制，但也吸收了委员制的长处。在国务院，实行了国务委员会议制度和常务委员会议制度，地方各级行政组织实行政府会议制度。一般情况下，重大问题都要经过会议的集体讨论，最后才由首长集中。行政首长要向全国人民代表大会及其常务委员会负责，受其监督。这种体制安排可以结合首长制和委员制的优点。

2. 层级制与职能制

层级制又称分级制，指行政组织纵向分为若干层次，上下层业务性质相同，但有隶属关系，业务范围由上至下逐层缩小的组织体制。职能制又称为分职制，指行政组织横向依据不同的业务性质、职能而平行划分若干部门，每个部门所管业务内容不同，但所管范围大小基本相同的组织体制。

现代行政组织大都是将层级制与职能制有机结合，以层级制作为基础，在每一层级进行职能分工。我国的行政组织也是实行层级制和职能制相结合的双重体制，我们一般称之为条块管理模式。

3. 集权制与分权制

集权制是指行政权力集中在上级机关，下级机关仅有有限的裁量权，须依靠上级机关的指令办事的组织体制。优点是政令统一、统筹兼顾；缺点是容易独裁和导致下级缺乏活力。分权制指下级组织在其管辖范围内有较大裁量权，上级组织不干预的组织体制。在联邦制国家，分权制的行政组织体制最为普遍。优点是有利于调动下级的积极性，因地制宜地行政；缺点是权力分散，导致地方主义或分裂主义，协调困难。

4. 完整制与分离制

完整制又称集约制或一元统属制，是指行政组织中同一层级的各个机关受一个机关或一位行政首长指挥、监督的组织体制。我国实行完整制。优点是权责集中，结构简单统一，机构之间分工合作；缺点是行政首长权力过分集中，容易造成属下单位因循守旧的作风。分离制又称独立制、多元统属制，是指同一层级的各机关，受两个或两个以上的机关或行政首长的指挥、监督的一种行政组织体制。在分离制下，各机关彼此独立，不存在隶属关系。优点是机关独立性大，措施灵活，能发挥相互监督的作用；缺点是机构间协作难度大，个别机构的行动可能导致整体的工作混乱，降低行政效率。

【思考题】

1. 联系现实，如何认识公共管理的价值和作用？
2. 公共管理职能包括哪些内容？
3. 行政体制的基本类型有哪些？各有哪些优缺点？

（王森）

第五章
办公室事务管理

【阅读提示】

通过本章的学习，掌握会议的含义和构成要素，掌握会前筹备和会中服务的内容，熟悉会后服务的内容。掌握办公环境管理、办公用品和办公设备管理、办公室日常事务管理的主要内容。

第一节　会议管理

一、会议概述

（一）会议

1. 会议的含义

会议是指在遵守一定的国家法律和遵循一定的会议规则的前提下，围绕一定的议题，三个人以上（包括三个人）在一起共同商讨（商议）问题（议题），以便达到或互通情况，或交流思想，或得出结论，或达成协议，或做出决议（决定）等有目的、有组织、有领导的集会。

2. 会议的构成要素

会议的构成要素分为基本要素和其他要素。基本要素包括会议名称、会议时间、会议地点、会议主持人、与会者、会议议题。这些是会议的基本要素。还有一些要素并非所有会议都具备，如会议的服务机构、秘书机构、经费、文件材料、专用设备工具和各种消耗性材料等。

3. 会议的种类

（1）根据会议的人数划分：特大型会议即万人以上的会议、大型会议即万人以下千人以上的会议、中型会议即百人以上千人以下的会议、小型会议即三人以上百人以下的会议。

(2) 根据会议的时间划分：定期会议和不定期会议。

(3) 根据会议的组织类型划分：内部会议和外部会议、正式会议和非正式会议。

(4) 根据会议采用的方式手段划分：常规会、广播会、电话会、电视会和网络会议。

4. 会议管理的组成部分

一般会议管理包括三个组成部分，即会前筹备、会中服务和会后服务。

会前筹备包括撰写会议的策划方案，确定会议的主题和议题，确定会务机构分工，确定会议的日期和时间，选择会议地点，确定会议的议程和日程，准备会议文件资料，做好会议住宿和餐饮安排及车辆安排，拟写和发放会议通知，准备会议所需设备和用品，选择会议场所及会场布置等。

会中服务包括接站、签到，会议值班，接待新闻媒体，进行会议记录，编写会议简报，收集和反馈会议信息等工作。

会后服务包括清退文件资料，安排与会者返程，清理会场，进行会议经费结算，会议文件资料收集整理，编写会议纪要，最后对会议进行总结和评估等工作。

（二）电话会议及视频会议

1. 电话会议

(1) 电话会议的定义。电话会议是指利用程控电话的“会议电话”功能召集不同地点的人员举行会议。电话会议适用于规模不大、办公地点相对集中的单位。

电话会议方便灵活，准备时间短，回复迅速，花费少。但是电话会议一方面缺少身体语言，难以进行互动交流；另一方面缺少文本，难以传递大量细节信息。为提高电话会议的效率，可以搭配使用其他通信方式（如传真、电子邮件等），以增进信息的传输与交流。

(2) 电话会议的工作程序。包括三个部分。首先，准确发出开会信息，说明是否需要设立分会场，强调准时到会。然后，认真分发会议书面信息材料，合理安排会场信息传输设备。最后，按时接通电话，并做好会议记录。

2. 视频会议

(1) 视频会议的含义。视频会议是一种利用通信网络传递图像、文字和声音信号的现代化会议方式，适用于布置重要工作、宣布重大决定、商量紧急措施等特殊紧急的情况。

视频会议实现了声音和图像同时传送，打破了空间的限制，节省时间、费用，交流效果好。但是由于视频会议初始准备时间较长，投入成本较高，互动效果不佳，因此交流不够深入广泛。

（2）视频会议的工作程序。包括发出开会信息，分发文件信息资料，布置会场，设置与检查会场信息传输设备。做好会议信息准备，采用先集中后分散的形式，汇总情况信息。

二、会前筹备

（一）会议策划方案

1. 会议策划方案的含义

会议策划方案是指为了达成某种特定的目标，根据现实情况和已经掌握的相关信息，借助一定的科学方法和艺术，为决策、计划而构思、设计、制作策划方案的过程。

2. 会议策划方案

会议策划方案包括以下几个方面：确定会议的主题和议题，成立会务工作筹备机构，确定会议的日期和时间，确定会议的议程和日程，提出会议预算，确定会议人员的范围，准备会议文件资料，做好会议住宿和餐饮安排及车辆安排，拟写和发放会议通知，准备会议所需设备和用品，选择会议场所、会场布置，大中型会议的接站和报到工作等。

（二）确定会议主题和议题

会议主题是指关于会议要研究的问题及要达到的目的。确定会议主题要有切实的依据，必须要结合本单位的实际，要有明确的目的。

会议议题是对会议主题的细化。主管领导临时确定议题，由会议秘书人员向有关部门搜集文件，准备资料。会议议题的来源如下：一是领导批示交办的或指定有关部门汇报的问题；二是下级机关提请讨论的问题；三是上级领导下达指示，需要各部门集体学习讨论、研究贯彻执行的问题等。

（三）会务机构分工

1. 会务机构分工的含义及要求

会务机构分工是指会议组织部门和人员落实。会议组织分工包括文件起草和准备、会务组织、会场布置、会议接待及生活服务、安全保卫、交通疏导、医疗救护等。

会务机构的分工要注意以下几个问题：要根据会议的规模和类型组织人员队伍；会务机构要分工明确、责任到人，并服从会议领导小组的统一指挥；加强协调，定期沟通，要建立定期例会制度，经常向有关领导沟通和汇报。

2. 会务机构分工

一般会务机构分为会务组、秘书组、宣传组、接待组、财务组、后勤组、保卫组、医务组等。

（四）确定会议的日期和时间

会议日期的确定要考虑单位主要领导、主管领导和主持人参加会议的时间是否适宜。有外部人员参加的会议，还要考虑邀请的有关上级领导和嘉宾能否在会期前到会。

会议日程安排应紧凑，尽量缩短时间，一般上午 8 点半到 11 点半，下午 2 点到 5 点。

（五）选择会议地点

1. 会议地址选择要考虑的因素

对于跨地区、规模大的会议，会议地址的选择要考虑下面的因素：专业因素，交通因素，地理因素，气候因素，政治、经济和文化等因素，会议目标及会议类型等因素。

2. 会议场所选择要考虑的因素

会议场所选择要考虑的因素包括交通是否便利、会场的大小、良好的设备设施、场地不受外界干扰、有足够的停车场所和安全设施。

（六）拟定会议议程和会议日程

1. 拟定会议议程

（1）会议议程的含义。会议议程又称为议事日程，是指会议上议题活动先后顺序的程序性安排。议程包括为实现会议目的的各种议案和议题、会议活动的主持者姓名、会议某项活动开始的具体时间及地点等。

（2）会议议程的结构和写法。会议议程的结构和写法如下：

标题：会议全称加上“议程”二字组成，如“××局 2015 年年终表彰大会议程”。

题注：法定性会议应当在标题的下方说明会议议程通过的日期、会议名称。如在“中国人民政治协商会议第十一届全国委员会第一次会议议程”下方用括号注明“2008 年 3 月 2 日政协第十一届全国委员会第一次会议预备会议通过”。一般会议议程可以没有题注。

正文：简要说明每次议题和活动的顺序，并冠以序号，将其清晰地表达出来，句子末尾不用标点符号。

落款：由会议组织机构确定的议程应标明制定机构的名称，如“秘书处”。由会议通过的议程不用标注落款。

制定日期：无须大会通过的议程要标明制定的具体日期。

2. 拟定会议日程

（1）会议日程的含义。会议日程是指各项会议活动在单位时间内的具体安排。

（2）会议日程的结构和写法。会议日程的结构和写法如下：

标题：由会议全称或规范化简称加上“日程”或“日程安排表”“日程表”组成。

稿本：某些法定性会议的日程需要经大会或主席团会议通过，因此办公室工作人员在拟写时应写明“草案”，并用圆括号标入，位置在标题之后或者下方居中位置，在报请领导审批时也应注明“草案”。

题注：报大会或主席团会议通过的会议日程，具体写法同会议日程。

正文：正文部分有两种格式，即表格式、日期式。

落款：一般由会议的秘书处落款，可省略。

制定日期：可省略。

（七）会议室预订

1. 会议室的分类

会议室分为外部会议室和内部会议室。

2. 预订会议室应考虑的因素

预订会议室应考虑的因素包括确定会议召开的时间和人数，确认所需会议室的类型；申请使用会议室；确认会议室已预留，并明确使用时间；预先调试会议所需设备；提前到达会场分发资料和用品，并负责签到。

（八）会议信息的发布及会议通知的制发

1. 会议信息的发布

（1）会议信息的内容包括会议报到的时间、地点、费用及方法；会议联系电话与联系人姓名；会议报到的相关信息及会议议程、日程；与会者的信息；会议报送的交流信息；会议的记录和纪要内容；会议的宣传报道内容；会议的决议内容。

（2）会议信息发布时应注意：传递会议通知信息；分发会议文件，其中会议文件分发的程序为准备、登记、附清退目录、装封、发出；发布会议信息前应进行审核。

2. 会议通知的制发

（1）会议通知的内容包括被通知部门、被通知人员的姓名及职务、通知事由、会议时间、会议召开地点、会议出席对象或范围、会议程序、议事内容、注意事项、通知部门、通知者姓名和职务。

（2）会议通知的形式：电话通知、电子邮件通知、书面通知等。

（九）会议文件的审核和会议资料的准备

1. 会议文件的审核

（1）会议文件审核的内容包括审核会议文件与会议主题的关系；审核会议文件是否存在与国家和组织的方针、政策、法规相冲突的内容；审核会议文件内容事先是否经过调查研究，是否与实际相符；提交会议讨论的文件涉及的有关单位和部门是否事先进行了会商，并广泛征求取得了一致的意见；审核会议文件是否做到中心突出、观点明确、条理分明、事实准确。

（2）会议文件审核的方法包括对校法、折校法、读校法。对校法适用于定稿上改动较多的文件，逐字逐句核对。折校法适用于整洁、改动不多的文稿，是将定稿置于桌上，轻折校样，将其中待校对文字置于页面第一行，压在定稿相应文字之下，与定稿上的文字一一核对。读校法适用于定稿内容浅显简单，生僻字和专用术语较少的定稿，一人读定稿，一人审看校样。

2. 会议资料的准备

（1）来宾资料。来宾资料应包括会议文件资料、会议手册、分组名单、笔记本、文件、代表证、房卡和餐券等。

（2）会务资料。会务资料是会议组织者处理各项会务所需的资料。会务资料包括接站一览表、会议签到表、住宿登记表、用餐分组表、会议讨论分组表、会间乘车分组表、订票登记表、会务组成员通讯录等。

（3）沟通资料。沟通资料是进行会议内外沟通的资料。沟通材料包括会议宣传资料、会议参考文件、各种与会议有关的协议书及合同书等相关资料。

（十）会议用品的类型与准备

1. 会议用品的类型

会议用品包括会议期间使用的各种证件、会议指示标识、各种会议设备和用品等几种类型。

2. 会议用品的准备

(1) 会议证件。会议证件能证明身份,保证会议安全,控制人员出入,并能统计到会人数,有利于维持会议的秩序。会议证件的样式主要有黏性标签式、系带式、夹子式、台签式等。

(2) 会议指示标识。会议指示标识是指在会议的准备和召开过程中,为了使与会者更容易找到座位,并了解会议场所周围的环境,使会议的组织更有条理,需要在会场和相关服务区域摆放某些标识物,如各种指示牌,包括接待处和签到处的标志,以及贵宾室、饮水处、洗手间的标志等。会议指示标识包括标识牌(指示牌)、区域图(路线图)、名签与台签。

(3) 常用的会议设备和用品。常用会议设备包括笔记本电脑、打印机、复印机、传真机、灯具,以及音响、通风、录音、摄像和安全设备等。常用的会议用品包括水杯、电池、办公用品等。

现代会议都会使用一定的视听设备来辅助演讲、代替现场发言、进行娱乐活动等。常用的视听设备有表决投票系统、同声传译系统、发言讨论系统、多媒体设备、摄像机、数据监视器、音响设备、音频视频会议系统等。

会议视听设备准备的程序包括选用会议常用视听设备、调试和检查常用视听设备、保管及维护常用视听设备。

常用视听设备的准备和维修包括会议承办者应在会前向设备供应商了解常见问题的解决程序;相关人员应有可用于请求紧急帮助的电话号码,以便及时与相关部门和人员进行联络,解决视听设备在会议准备和召开过程中出现的问题;简单的问题可由会务人员自行解决,复杂的设备故障要及时请专业服务机构派人维修。

（十一）会场布局与会场布置

1. 会场布局

会务组可以根据会场大小和会议目的,选择会场桌椅的布局。可以有圆桌形、“口”字形、“V”字形、教室形等。

2. 会场布置

（1）会场环境布置。会场环境布置要庄重、美观、和谐，要体现会议的主题，同时还有考虑会议的性质、规格和规模等。

（2）主席台和场内座次安排。主席台座次安排时要考虑以下因素：按照职务的高低和选举的结果安排座次，职务最高者居中，然后按先左后右、由前至后的顺序依次排列；为工作便利，会议主持人可以在前排的边座就座；主席台座次的编排应编制成表，报主管领导审核；在主席台的桌上，于每个座位的前左侧放置席卡。场内座次的安排要考虑与会者就座的习惯，同时要突出主持人、发言人。要分清上下座。一般离会场的入口远、离主席台位置近的位置为上座，反之为下座。

（十二）安排会议食宿

1. 会议餐饮安排

（1）会议餐饮安排应注意：根据会议的经费和人员情况决定会议餐饮的标准；就餐方式根据会议的规模和性质确定；事先与提供餐饮的单位确定餐饮时间和地点，并一起确定菜单，饮食要卫生、可口、品种多，要照顾不同地域、不同民族与会者的饮食习惯；事先设计和确定就餐的凭证；给因开会或服务工作耽误用餐的人员预留饭菜；做好饮水和饮料的供应。

（2）确定餐饮的类型：早餐、茶歇、午餐、正式晚餐。

2. 会议住宿安排

（1）选择住宿安排。由与会者自己安排住宿或由主办单位集体预订房间。

（2）预订会议住宿。通过会议回执掌握与会者的数量，并确定订房规格，向饭店、宾馆等预订会议用房。

（3）确认会议住宿。与与会者、饭店及宾馆进行确认。

（十三）邀请嘉宾

1. 会议嘉宾的邀请程序

（1）开会研究确定嘉宾名单，并由相关的工作组负责实施邀请嘉宾的具体工作。

（2）拟写并发送请柬。

（3）逐一与嘉宾联络，确认其参会情况。

2. 会议嘉宾的类型

会议嘉宾的类型包括组织方的上级领导和政府官员、对实现会议目标有潜在贡献的人、社会名流。

3. 接待会议嘉宾的相关工作

接待会议嘉宾的相关工作包括接站、会场迎接、具体接待工作。

（十四）确认会议接待工作

1. 会议接待工作的内容

会议接待工作包括会议接送工作、会议住宿工作、会议餐饮工作和娱乐活动。

2. 会议接待的基本程序

会议接待的基本程序包括迎接、会议签到和引导、安排合影、引领会议嘉宾进入会场或登上主席台、会议结束后的送别。

（十五）督查会务筹备

督查会务筹备包括会议准备是否充分、会议期间能否排除各种干扰、环境条件与用品准备、文件材料的准备情况、会场布置情况的检查、安全保卫工作的检查等。对于特殊类型的会议，检查的内容也应增加，如颁奖大会对奖品的准备和颁奖顺序的安排；现场会上参观现场和顺序、线路的安排；会议安排集体摄影，检查摄影座次的安排等。

（十六）与领导沟通会议事宜

1. 与领导沟通会议事宜的方法

（1）定期向领导提交书面的会议进展报告。

（2）由会议负责人定期向领导口头汇报会议的情况，这种方法能对工作进展情况和工作的问题进行双向讨论。

（3）领导亲自参加有关会议。领导能利用这种方法亲自查看并获得第一手资料，并能双向讨论会议筹备和举行过程中存在的问题与难点。

（4）其他途径。如举办会议工作进展情况的小型展览向领导汇报工作。

2. 与领导沟通会议事宜的程序

与领导沟通会议事宜的程序包括明确会议的目标；明确沟通会议有关事宜的方法或途径；确定沟通的时间、地点及参加人员，制定会议记录人员；检查沟通过程中所需要的各类文件、音像资料；向领导汇报会议的筹备情况及进展，以及遇到的问题和难题；听取领导指示，或与领导进行双向讨论，并完成会议记录；将记录通过某种方式送给领导。

（十七）制定会议应急方案

1. 制定会议应急方案的必要性

会议在进行中可能会出现紧急的或意外的事件，将打乱原有的安排。因此，应在会议开始前制定出应急方案，以便意外出现时能有条不紊地解决问题，使会议按原计划进行。

2. 会议应急方案的主要内容

（1）会议举行过程中可能出现的问题。包括人员问题：演讲者、参加者或关键代表不能到会；场地问题：重复预订房间或预订房间不够造成的冲突，取暖或通风系统出现故障等；设备问题：缺少合适的设备或设备在使用过程中发生损坏；资料问题：宣传资料不足，资料没有送到会议地点，会议资料存在错误等；健康与安全问题：如突发火灾、食物中毒、传染病的传播等；行为问题：发言人或与会代表行为不当。

（2）拟写会议应急方案。会议举办中出现问题时负责解决的会议工作人员在会议筹备时，应明确指出各小组的成员组成情况，明确各自职责，明确指出在出现各种紧急和意外情况时负责解决问题的工作人员并落实到位，同时拟写会议应急方案。

会议应急方案由标题和正文组成。标题为会议名称 + 应急方案组成。正文部分包括会议过程中可能发生的情况预测，并写出预防措施和处理办法、责任部门和责任人等。

三、会中服务

（一）会议接站与报到

1. 会议接站

（1）接站的准备。大型会议参加人数较多，应及时做好接站工作，来要接，走要送。与会者集中抵达的时间里，可以在机场、车站安排专人等候，设立接待站，制作醒目的牌子或横幅，标明会议接待处。

接待站安排两个人比较合适，当与会者抵达时，一人负责引导与会者上车，一人可以留在接待站继续等候其他客人，两人的工作是把陆续到达者集中在一起送上车。与会者抵达宾馆后，应有人迎接，引导其报到注册。为了节省人力，有时司机可兼做接待人员。

（2）接站的车辆安排。接站的车辆可以是单位内部的车辆，也可以由专业性的汽车出租公司提供。要事先对接站的司机进行简单的培训或提出相应的要求，如提前到达接站地点，注意交通安全，注意接待礼貌，注意接站时前后车辆的衔接等。

（3）接站的工作程序。先收集会议的回执和反馈信息，掌握与会者的名单及飞机、火车等抵达的准确时间，并将其编制成表格一目了然，统一协调；根据总表的信息，安排接站的车辆和人员；对安排的人员进行培训并提出要求；接站人员要人手一份与会者抵达的时间表，按分工的时间和线路接站；要有统一的指挥调度系统，明确交通工具的班次和具体抵达的时间、地点，并要掌握与会者的联络方式；对于自备交通工具的外地与会者，要事先通过发传真或打电话的形式告知报到地点的详细路线。

2. 会议签到工作

（1）签到工作的内容。包括迎宾、签到登记、交费、领取会议资料和各种票证等。

会务接待人员应到宾馆和会场入口处迎接与会者，并组织与会者签到和登记，然后引导与会者尽快就座。签到可以及时了解应到会人数。对于各类有选举、表决内容的法定性会议尤为重要，它关系是否达到法定人数，以及选举、表决结果是否有效。

（2）会议签到的方式。小型会议一般采用签到簿签到。与会者到会时，在会务秘书准备好的签到簿上签名。一些重要会议采用手工签到卡或电子签到卡的办法。

3. 引导与会者就座

引导与会者就座时要做到：陪伴重要来宾入场就座；为上司和来宾做介绍；帮助来宾领取姓名卡片并引领入座；回答来宾的询问要耐心热情。

（二）会议值班

1. 制定会议值班工作制度

会议值班工作制度包括信息处理制度、岗位责任制度、交接班制度。

2. 明确会议值班工作的任务

会议值班工作的任务包括协助搜集会议相关信息；防止无关人员进入会场；及时关注会议相关情况；协助做好后勤服务工作；负责督导和协助专职会议服务人员为与会者做好各项工作；做好会议期间各项活动与各种矛盾的协调工作。

3. 编制会议值班表

会议值班表是将已经确定的值班人员姓名及相应值班时间等信息清晰记载和标明的表格,用于提醒人们按要求值班,从而保证组织整体工作的连续和顺利完成。会议值班表包括以下内容:会议值班时间期限和具体值班时间;会议值班人员姓名;会议值班的地点;会议值班负责人姓名或带班人姓名;用简明文字表明的会议值班工作内容;人员缺勤的备用方案或替班人员姓名。

(三)接待新闻媒体

首先,由会议秘书撰写新闻报道稿件,经领导审阅后向媒体发送。

其次,邀请有关报社、电台、电视台记者在会议召开期间驻会随访,发布消息。

最后,在会议结束时,召开记者报告会或招待会,由领导直接介绍会议情况,并亲自回答记者提出的问题。

(四)会议记录的内容

1. 会议记录的基本格式

××××××会议记录

会议名称:　　　　会议时间:　　年　　月　　日　　时

会议地点:　　　　记录人:

出席与列席会议人数:

缺席人数:

会议主持人:　　　　审阅:　　　　签字:

主要议题:

发言记录:

2. 会议记录的基本要求

(1) 准确写明会议名称,会议时间、地点,会议性质。

(2) 详细记录会议主持人、出席会议人数及记录者姓名等。

(3) 忠实记录会议上的发言和有关动态。

(4) 记录会议的结果,如决定、决议或表决等。

3. 会议记录的注意事项

(1) 应将主要讨论的观点、决议、决定、重要的声明、修正案、结论一字不漏地记录下来。而其他的内容可简要概括地记录，无须有言必录。

（2）如果当时漏记了内容，可做相应记号，事后对照录音修改，也可提示会议主持人请发言者重复内容或对某一术语做简要的解释。

（3）不管是谁提出或附议了一个动议或提出了任何行动、意见，都应记录下人名。

（4）可设计一张表格来记录会议上的信息。

4. 编写会议简报

（1）会议简报的含义。会议简报是会议期间为反映会议进行情况、会议重要发言、会议的决定事项而编写的简要报告。

（2）会议简报编写的注意事项。编写会议简报要注意：会议简报要简短、真实、新颖，格式要规范，归纳要精练，语言要准确，用书面语言，且必须忠实于发言内容，不能曲解其原意；内容要反映会议的议程、主题、解决的问题、形成的决议，要提供新鲜内容和有用信息，切忌只罗列一般议题和议程；各段文字要按会议进程的先后时间和逻辑次序排列，编发要迅速及时；简报一般在编报机关管辖范围内各单位之间交流，不宜甚至不能公开传播，特别是涉外机关和行政机关主办的会议简报更是如此。

（3）会议简报的格式。会议简报一般由会议秘书处或主持单位编写。会议简报常由报头、正文、报尾构成。报头包括简报名称、期号、编发单位、印发日期、密级等。正文即简报所刊的一篇或几篇文章，包括按语、标题、导语、主体、结尾和穿插在叙述中的背景材料。报尾写明发送单位和印发份数。

密级

××××会议简报

（第　期）

××××××编　　　　年　月　日

按语：

××××××（标题）

导语：

主体：

结尾：

送：　　　　共印　份

（五）收集和反馈会议信息

1. 收集会议信息

（1）会议信息收集是会议信息利用的基础。会议信息收集的过程是深入会议活动，了解会议情况，掌握会议信息的过程。

（2）会议信息收集要齐全、责任到人、履行登记手续、严格保密、明确范围、有针对性。

2. 反馈会议信息

（1）确定会议信息反馈的内容。第一，反馈会前信息。在会议召开前，相关人员要及时反馈会议的策划、宣传、筹备和组织方面的信息，以便及时掌握有关进展情况，了解与会者的态度和会议组织在人、财、物等方面的问题。第二，反馈会中的信息。在会议过程中召开联络员会议、阅读各种会议记录和会议简报，以及与参会人员座谈交流，有助于及时捕捉会议过程中的动向，使会议的目标如期完成。第三，反馈会后传达落实会议精神的情况。会后对会议精神的传递和落实是会议工作产生实效的关键，可以通过座谈会、电话和问卷等形式对会议精神的传达落实情况进行全面的反馈。

（2）反馈会议信息的要求。会议信息的反馈要注意点面结合、正负反馈结合，不仅要看成绩，更要收集会议未能有效解决的问题和议而未决的事项。会议信息的反馈目的要明确，要看服务对象；要充分重视会议的反馈信息沟通，正负反馈都要力求做到适时、适量、适度。

（六）处理会议突发事件

1. 会议突发事件的含义

会议突发事件是指会议过程中发生的、无法预料、难以应对的，必须采取非常规方法来处理的事件。

2. 会议突发事件处置的基本要求

（1）及时报告。突发事件发生以后，会场相关人员要立刻将事件发生的时间、地点、经过和危害程度等向相关领导汇报，涉及某些部门的事件要向部门领导汇报，然后再向单位的主管领导汇报。

（2）提前采取应急处置措施。在会议筹划阶段应成立会议突发事件领导小组，并制定突发事件应急方案，明确突发事件责任人及相关责任。

（3）妥善处理善后工作。突发事件处理结束后，总结事件处理经过，报领导审阅后归档。

(4) 处理突发事件，要大胆果断、细致稳妥。

四、会后服务

（一）清退会议文件资料

1. 清退会议文件资料的含义

清退会议文件资料是指与会者在会议结束时，根据规定将会上分发的文件资料清理并退回会议秘书处。

2. 清退会议文件资料的要求

清退小型内部会议的文件资料时，由会议主持人在宣布会议结束的同时，请与会者将文件放在桌上，由相关人员统一收集，或由相关人员在会议室门口收集，个别已领取文件而未到会的人员的会议文件资料由相关人员单独收集。

清退大中型会议的文件资料则需要提前发出文件清退目录，先由与会者个人清理，再统一交给大会秘书处，对会议工作人员，采取下发收集目录的方法，限时交退。

（二）安排与会者返程

1. 引导与会者离场

大型会议还应注意散会后引导车辆迅速、有序离场，必要时可派专人指挥。

2. 离会服务

离会服务包括和与会者清理结算账目；发放回程票；会务人员还应做好送站服务；了解自带车辆人员的返程情况；安排好暂留与会者的食宿工作。

（三）清理会场

根据会议筹备期间所准备的会议物品清单，列出在会场需回收的物品清单，并根据清单清理所有物品，将收回的数量准确登记，对于缺少的应注明原因。

清理会场应注意：关闭会议现场的视听设备；拆除或清理会场内外的布置，收回在会议现场的布置物品（如横幅、会徽等）及设备，如有设备和器材在会议中出现故障的，应及时修理，以保证下次需要时正常使用；退还租借的物品和材料；清点回收会议中的文件和资料，并仔细检查会场和房间，是否有遗漏或剩下的与会议有关的文件资料，以免遗失泄密；清理会场内其他物品，包括与会者丢弃的废纸或草稿纸。如果发现会场有遗失的物品，要妥善保管，并同失主联系；清洁整理会场，地面和门窗要打扫干净，用具和用品要清点归好。

（四）会议经费结算

会议经费结算包括会务人员与旅馆、宾馆结算会议开支费用、会务组和单位财务部门的结算。会议组织方应在会议通知或预订表格中注明收费标准和方法，注明与会者可采用的支付方式。开具发票人员事先要与财务部门确定正确的收费开票程序。结算时应列清每项开支，多退少补。如果是预收时曾出具收据，应以收据换正式发票。

（五）会议文件资料收集、整理的要求

1. 会议文件收集、整理的范围

（1）会前准备并分发的文件，包括指导性文件、审议表决性文件、宣传交流性文件、参考说明性文件、会务管理型文件等。

（2）会议期间产生的文件，包括决定、决议、议案、提案、会议记录、会议简报、重要照片、录音录像等。

（3）会后产生的文件，包括会议纪要、传达纲领、会议新闻报道、论文集等。

2. 会议文件收集、整理的要求

（1）确定会议文件资料的收集范围。

（2）收集工作要及时，确保文件资料在与会者离开之前全部收齐。

（3）选择收集文件资料的渠道和不同方式、方法。

（4）文件收集要履行严格的登记手续，认真检查文件资料的缺件、缺页等缺损情况，以便及时采取措施进行弥补。

（5）收集整理过程中要注意保密。

（六）会议纪要

1. 会议纪要的含义

会议纪要是用来记载会议基本情况、传达会议主要精神和议定事项的会议文书，是一种具有纪实性和指导性的法定公文。它以会议记录为基础加工而成，是对会议记录的抽取、概括和提炼。会议纪要是会后清理和总结阶段形成的会议成果性文件，也是成套会议文件中最重要的文件之一。

2. 会议纪要的内容

（1）会议基本情况介绍。

（2）会议主要精神和议定事项。

3. 会议纪要的格式

标题：通常由会议名称＋会议纪要构成。

正文：由导言、主体和结尾三部分组成。导言主要用来记述会议的基本情况，包括召开会议的名称、时间、地点、主持人、主要出席人、会议主要议程、讨论的主要问题等；主体是会议纪要的核心部分，包括会议的主要精神、会议的议定事项、会议上达成的共识、会议上布置的工作和提出的要求、会议上各种主要的观点等；结尾一般是对与会者的希望和要求，也可以不写专门的结尾用语。

4. 会议纪要的拟写要求

经领导签发的会议纪要是会议的正式文件。这种文件应简短扼要、观点鲜明、确切说明事项，不必发表议论和交代情况。具体要做到：实事求是，忠实于会议实际；内容要集中概括，去芜取菁，提炼归纳；条理清晰，层次分明，一目了然。

（七）收集、反馈会议精神落实情况

1. 会议精神的传达和反馈

（1）会议精神的传达。会议精神的传达是实现会议决策目标的最主要的环节。办公室人员要根据会议目的通过编发会议纪要来进行会议决议、会议决定事项的传达。

（2）会议精神落实的反馈。会议目标的实现，在很大程度上有赖于会议精神的贯彻落实，因此需要对会议精神的落实进行跟进、反馈。会议精神落实反馈时要做到及时、准确、真实，要建立常规反馈渠道。

2. 收集、反馈会议精神落实情况的方法

及时检查与监督反馈，反馈内容包括基本信息的完整反馈、关键点和重点环节的理解反馈。可以通过考核表、电子邮件、QQ 等现代通讯工具和方式来进行会议精神倡导、提醒和落实；制定奖惩措施，将会议精神的落实执行情况与绩效挂钩等；建立监督反馈的长效机制，建立专门的监督跟进机构，由主管领导亲自负责。

（八）会议总结

1. 会议总结的内容

会议总结包括会议准备工作情况；会议方案所制定的各项会议工作的准确性和全面性；会务工作部门之间的协调状况及会务工作人员的工作状态；与会

者数量的合理性、信息交流的有效性；会议目标的实现情况；在提高会议效果方面需改进的地方。

2. 会议总结的要求

会议总结要根据岗位责任制和工作任务书的内容逐条对照检查。要认真总结经验教训。会议总结要有理有据，实事求是，突出重点，有所侧重。要一分为二，以激励为主。总结出简单易行的办会程序和制度，使会议工作科学化、程序化和制度化。

（九）会议评估

1. 会议评估的含义

会议评估是一个收集有关会议目标实现情况的信息的过程。通过评估，可以发现会议实施与策划之间的关系，了解会议目标是否实现，核算会议的成本与效益情况，评价与会者是否满意，以及明确会议的成功与不足之处。

2. 会议评估的标准

会议评估的标准包括目标评估；会议时间评估；与会者评估；会议服务评估；会议实际费用支出、会议成本评估；再度召开同样会议时，继续推进与维持的事项。

第二节　办公室环境管理

一、办公室环境

（一）办公室环境的含义

办公室环境是指办公室中影响工作人员的心理、态度、行为及工作效率的各种因素的总和，可分为硬环境和软环境。硬环境包括绿化环境、空气环境、光线环境、颜色环境、声音环境、设备环境、安全环境。软环境包括人际环境、气氛环境、工作作风。

（二）领导办公室环境的要求

领导的办公室环境是指领导的办公场所，包括领导使用的办公设备和用品。领导办公室环境的要求：保持地面、办公设备、办公家具等的清洁、整齐。

（三）个人办公环境的要求

个人办公环境包括个人使用的办公设备和用品。个人办公环境的要求包括保持地面、办公设备、办公家具等的清洁、整齐；不在办公室内吸烟，确保无烟蒂、烟灰，茶具要清洁干净，摆放整齐；一次性口杯应及时处理；桌椅整齐，窗明几净，四壁光洁，空气清新；资料、文件、报纸、杂志摆放整齐有序；室内不乱放私人用品，无废弃杂物；电话听筒、按键、电脑键盘要经常消毒。

二、办公室布置

（一）办公室布置的要求

办公室布置应注意：（1）办公桌的排列应按照直线对称的原则和工作程序的顺序，其线路以最接近直线为佳，防止逆流与交叉现象。（2）各座位间的通道要适宜，应以事就人，不以人就事，以免往返浪费时间。（3）领导者应位于后方，以便监督，同时不因领导者接洽工作转移和分散工作人员的视线和精力。（4）光线应来自左方，以保护视力。（5）常用设备应放在使用者近处。（6）电话最好是五平方米空间范围一部，以免电话离座位太远，分散精力，影响效率。（7）办公室的用具设计要精美、坚固耐用，适应现代化要求。

（二）办公室内布置的原则

办公室内布置要利于沟通，协调舒适并便于监督。

（三）办公室的布局

办公室的布局有开放式和封闭式两种。

1. 开放式办公室

开放式办公室的空间很大，包含许多单个工作位置，每个工作位置之间根据需要用可移的物体分割开。开放式办公室的优点是灵活应变、节省面积、易于沟通、易受监督、容易集中化服务和共享办公设备。但是开放式办公室也存在一些缺点：难保机密，很难集中注意力，易有噪音，员工难以找到属于自己的私人空间、没有隐私，管理员感到降低了身份和地位。

2. 封闭式办公室

封闭式办公室是把组织内部各职能部门独立安排在一个个小房间内，组成一个个小办公室。封闭式办公室的优点是工作环境相对安全、易于保证工作的机密性、有利于员工集中注意力、可以使员工拥有相对独立的私人空间,有效保护个人隐私。封闭式办公室的缺点是费用高、难于监督工作人员的活动、影响交流。

(四)办公室合理布局的作用

办公室合理布局有利于员工的工作分配,形成有效率的工作流程,有利于工作顺利完成。

三、办公室环境安全检查

(一)办公室常见的安全隐患

办公室常见的安全隐患包括建筑隐患、环境隐患、办公家具隐患、设备隐患、人为隐患、消防隐患等。

(二)安全检查的要求

对办公室安全检查的要求包括严格遵守国家劳动安全卫生方面的规定和标准;伤亡事故和职业病发生率要低于同行业水平;实施职业健康安全卫生管理体系三个月以上;履行不断改善职业安全卫生状况的承诺;定期进行安全检查,落实安全管理责任制;采取有效措施,做好风险的防范和排除。

(三)安全隐患记录表的填写要求

安全隐患记录表(见表5-1)是记录办公室环境的隐患的表格,当出现安全隐患时,应填写此表。

表5-1 安全隐患记录表

序号	时间	地点	隐患表现	隐患原因	可能危害及后果	发现人	处理人	处理措施及结果

第三节　办公用品与办公设备管理

一、办公用品与办公设备的种类

（一）办公用品的种类

1. 常用个人办公用品的种类

常用个人办公用品有以下几类：文具用品，包括笔记本、签字笔、文件夹等；印刷单据，包括饭卡、付款凭证、名片等；清洁用品，包括垃圾桶、纸巾等；其他，包括常用小工具、餐厅工具性用品等。

2. 常用公共物品的种类

常用公共物品包括办公用品柜、文件柜、文件夹、文件资料、字典、报纸杂志、宣传品、电话号码本、火车时刻表、航班表。

（二）办公设备的种类

办公设备包括打印机、传真机、复印机、数码相机、扫描仪、投影仪、摄像机等。

二、办公用品与办公设备的管理

（一）办公用品的订购、接受和管理

1. 订购办公用品

选择供应商：比较价格和费用、质量和交货、服务和位置、安全和可靠性。

选择订购方式：商店购买、传真订购、电话订购、网上订购等。

2. 接受办公用品

接受办公用品时应做好以下几点：核对送来的货物与订购单的货物完全一致；核对货物数量和型号，做好记录；准确详细填写库存卡，保证办公用品准确无误入库；更新原有库存卡上的余额数据；按办公用品的存放要求存放。

3. 管理办公用品

管理办公用品要做到：专人管理；库房内要有良好的通风和照明；及时登记库存卡，定期盘点和清理库存，做到账物相符；保管员要根据库存和需求情况，定期提出采购计划；制定一定的修理制度，及早发现故障，及时与有关人员

联系进行修理；对可能给工作造成重大影响的办公用品，需定期组织专人进行检查和保养以免发生故障；特殊的办公用品必要时可由办公用品负责人指导其使用方法；各种物品的摆放要合理，并做到整齐、美观。

（二）办公用品和办公设备的调配和合理利用、采购及发放

1. 办公用品和办公设备的调配和合理利用

办公用品和办公设备都属于办公资源，对这些办公资源的调配和合理利用能减少浪费，提高使用效率。对办公用品和办公设备进行调配和合理利用时应注意：掌握所有资源的基本情况，包括名称、功能、放置地点；进行分类管理；建立办公资源档案；定期进行数据分析，统计各种资源的利用率。

2. 办公用品与办公设备的采购

办公用品与办公设备的采购程序包括申请、审批、招标、签订合同、接货入库、支付货款。

3. 办公用品和办公设备的发放

发放办公用品和办公设备的手续包括审核办公用品和办公设备领用申请表、发放物品、更新库存记录、记录备案清单。

第四节　办公室日常事务管理

一、接待事务

（一）接打电话

1. 接打电话的要求

接打电话是办公室工作人员日常最重要的工作，接打电话可以上传下达，内外联系。接打电话的基本要求：迅速准确地接听；打招呼时要亲切、礼貌、吐字清晰；接打电话时要保持喜悦的心情，声音应清晰明朗，保持适当的语速和音量；通话内容要简明扼要。

2. 做好电话记录

接打电话时要注意把涉及的工作内容记录下来，因此要设计电话记录表并做好记录。

电话记录表（见表5-2）用来记录来电信息，内容设计应详细明了。电话记录表在设计时主要包括六个要素，即“5W1H”：何人（Who）、何时（When）、何事

（What）、对方单位（Where）、为何事来电（Why）、如何处理（How）。

表 5-2　电话记录表

来电者姓名		来电单位	
来电内容			
紧急程度	紧急　　　　正常		
受话者			
处理意见			
记录人		记录时间	

（二）接待工作

1. 接待计划的主要内容

接待计划主要包括接待方针、接待规格、接待日程安排、接待形式、接待经费开支。

2. 确定接待规格及方法

（1）接待规格。接待规格主要有三种：高规格接待、低规格接待和对等接待。高规格接待：主要陪同人员比来宾的职位要高的接待。低规格接待：主要陪同人员比来宾的职位要低的接待。对等接待：主要陪同人员与来宾的职位同等的接待。

（2）确定接待规格的方法。接待规格由领导确定。确定接待规格要考虑的因素：与对方的关系、突发事件影响既定接待规格、参照以前标准。

3. 日常接待的程序及要求

（1）以良好的单位形象迎候来访者。

（2）如果来访者是陌生人，接待人员要做自我介绍并了解来访者约见的人员和部门，查对预约登记，弄清来访者是否有约。

（3）对按时到访的预约来访者，接待人员应向接见来访者的相关人员通报来访者情况。

（4）请来访者在接待记录表（见表 5-3）上登记，发放宾客卡，并提醒来访者离开前返还宾客卡。接待记录表在设计时，项目不能太多，主要内容由来访者填写。

表 5-3　接待记录表

年　月　日

序号	来访时间	来访人姓名	来访人单位	来访目的	要求接见人	实际接见人	备注

（5）必要时帮助上司中断来访。

（6）礼貌送别来访者。

（7）整理来访记录。

二、会议室登记和用车登记

（一）会议室登记

会议室登记的要求：会议室登记应提前预订登记，并确认相关使用信息，同时要注意协调。会议室登记要填写会议室预订登记表（见表 5-4）。

表 5-4　会议室预订登记表

日期	使用部门	人数	预订人	会议开始时间	会议结束时间	会议主题	所需设备	落实情况	备注

（二）用车登记

用车登记的要求：用车应提前预订车辆，并妥善协调，确保及时用车，并填写用车预订登记表（见表 5-5）。

表 5-5　用车预订登记表

日期	使用部门	人数	预订人	车辆名称	车辆数量	目的地	用车时间	落实情况	备注

三、邮件管理

（一）签收邮件的流程

初步分拣、及时拆封、准确登记、分发和传阅、负责复信。

（二）传阅邮件的要求

及时分发传阅邮件、明确传阅范围、做好登记工作、填写邮件传阅表(见表5-6)。

表5-6　邮件传阅表

请按数字顺序传阅				
传阅姓名	传阅顺序	阅毕签名	日　期	备　注
张　华	2			
李　明	1			
王　军	3			

（三）寄发邮件的要求

寄发邮件的要求包括确保邮件完整、了解邮寄规定、确认邮件准确。

四、时间管理

（一）时间管理的内容、工具与原则

1. 时间管理的内容

时间管理是指为提高时间的利用率和有效性而进行的一系列控制,对时间消耗进行计划、实施、检查、总结评价和反馈等程序,以达到预期的目标。

2. 时间管理工具

时间管理工具有工作日志、工作时间表、效率手册、待办文件夹、墙上计划板、商务通、值班表等。

3. 时间管理原则

时间管理时应注意：运用ABCD法则；科学利用精力最佳时间；计划化、标准化、定量化消费时间；保持时间上的弹性；严禁事必躬亲；保持时间利用的相对连续性；“案例化”“标准化”工作；定期检查时间利用情况；保留自我时间管理的最低批量时间。

ABCD 法则是指把工作进行分类，重要而紧急的工作属于 A 类，重要而不紧急的工作属于 B 类，紧急而不重要的工作属于 C 类，不重要不紧急的工作属于 D 类。办公室工作人员在安排工作时可以按照 ABCD 的顺序进行，这样不仅可以提高工作的效率，而且可以避免重要的或紧急的工作被遗漏。

（二）工作时间表的内容与编制要求

1. 工作时间表的内容

工作时间表是管理时间的一种手段，它是将某一时间段中已经明确的工作任务清晰地记载和标明的表格，是提醒使用人和相关人按照工作时间表的进程行动，从而有效地管理时间，达到完成工作任务的简单方法。

2. 工作时间表的编制要求

根据需求确定编制时间的周期；收集并列出该阶段所有的工作、活动或任务；发现活动有矛盾，主动与负责人协商，及时调整；按照时间顺序将任务排列清晰；绘制表格，标明日期、时间和适合的行、列项目；用简明扼要的文字将信息填入表格，包括内容、地点。

（三）工作日志的内容与编写要求

1. 工作日志的内容

工作日志是根据周计划表写出的一天时间内组织领导活动计划，是管理时间的一种手段。工作日志包括日期、时间、具体工作内容、备注等。

2. 工作日志的编写要求

（1）提前了解领导工作和活动的信息，在日志上分别填写，并于当日一早再次确定和补充。

（2）提前在自己的工作日志上标出自己当日应完成的工作。填写的信息要清楚、完整，写明各项活动的时间、地点、姓名和联络方式等；填写的信息要准确，一旦出现变化，应立即更新工作日志，并告知领导出现的变化。

（3）在领导工作日志变化的同时，应更改自己的工作日志，并做好变更的工作。协助或提醒领导执行工作日志，在必要时帮助领导排除干扰。

（四）管理领导工作日志的方法及注意事项

1. 领导工作日志的内容

（1）在单位内部参加会议、活动等情况，记录时间、地点、内容。

（2）当领导在单位或到外地参加会议、活动时有来访者来访，要记清来访者的姓名、单位、所预约的下次来访时间。

（3）领导在单位外部参加的会议、活动、约会等情况，要记清时间、地点及其细节，以及对方的联络方式等。

（4）领导有个人事务急需安排，应不在这段时间内安排其他事宜。

（5）了解领导的某些私人信息，如生日等，并适时提醒领导。

2. 管理领导工作日志的注意事项

（1）要保密，只给领导授权的人查阅。

（2）保持两本日志信息一致和准确，每天要检查和更新。

（3）熟悉领导工作习惯和约会时间的长短。

（4）熟悉领导用餐和休息的时间，避开这些时间。

五、印章与介绍信

（一）印章

1. 印章的种类

印章是刻在固体材料上的代表机关、组织、单位和个人权利的图章。

印章主要有单位印章（公章）、单位领导人公用的私章（手章）、部门专用章等几种。

2. 印章的样式构成要素

印章的样式构成要素有印章的材料、形状、尺寸规格、印文、图案等。

3. 印章的管理与使用要求

专人负责、确保安全、防止污损。

（二）介绍信

1. 介绍信的含义

介绍信是机关团体、企事业单位的人员与其他单位或个人联系工作、了解情况、洽谈业务、参加各种社会活动使用的一种专用书信。

2. 介绍信的使用要求

要履行批准手续，有领导批准；内容要明确具体；要填写有效期限；在检查后加盖印章；一封介绍信只能用于一个单位；填写持信人的姓名和身份，不能转借他人使用；存根内容要同正文内容相符，姓名一致；书写工整，字迹清楚，不能随意涂改，涂改处要加盖公章，否则无效；用黑色水笔填写，禁止用铅笔、圆珠笔或红色水笔。

六、值班工作

（一）值班工作的内容与任务

值班工作的内容与任务主要包括办理领导临时交办的各种事项；上传下达,沟通内外；接待来访的客人；记录来访客人的姓名、单位、联系电话和事项等；认真处理来函、来电；随时掌握领导的外出活动；协调处理安全保卫工作。

（二）值班工作的基本要求

值班工作的基本要求包括坚守值班岗位,做好值班记录；认真处理事务；热情接待来客；加强安全保卫意识,做好保密工作；完备交接班手续。

七、零用现金

（一）零用现金的含义及报销范围

（1）含义：办公室备有的一笔零用现金或备用金支付小额费用。

（2）报销范围：交通费、邮资、茶点费、停车费,以及添置少量办公用品的费用。

（二）零用现金使用与报销的程序及流程

（1）核对领取提交的发票等凭据上的用途、内容、金额是否与零用现金凭单上的一致,并将凭据附在零用现金凭单后面。

（2）核对零用现金凭单,经授权人审批签字后,方可将现金支付给需要者。

（3）每支出一笔现金,要及时在零用现金账簿上登记支出现金的日期、用途,零用现金的凭单编号、金额、余额等,有的还要分析花销的情况和去向。

（4）当支出的费用达到一定数额后,到财务部门报销,并将现金返还到零用现金库中周转。

（三）零用现金管理的要求

（1）严格执行财务部门的有关规定。

（2）现金库要保持一定量的零用现金。

（3）当支出的费用达到一定数额后,到财务部门报销,并将现金返还到零用现金库中周转。

(4) 要有发票，并注明项目、标准、数量、金额和必要的说明，填写数字金额要符合要求并加盖公章。

(5) 连续休息时，应清理零用现金，做好保卫工作。

八、办理差旅事务

（一）制定公务旅行计划

公务旅行计划包括出差的启程及返回日期；送站与接站安排；出差的路线、途经地点及终点；食宿安排；会晤计划（人员、地点、日期和时间），会晤主题，会晤人员的名单、背景；行程安排，如约会、会议计划、参观、旅游；公务活动需要携带的物品及资料，如谈判合同、协议书、演讲稿和与会地的指南等；交通工具的选择，如飞机、火车、大巴等，要列明飞机中转及停留的交通安排；差旅费用，如现金、旅行支票、兑换的外币；领导旅行地区的穿衣、天气状况；领导或接待人的其他要求。

（二）制定旅程表

1. 旅程表的定义

旅程表是按领导的意见和预定的日程表制定的。旅程表制定后要打印出来，并按时间顺序进行编号，供领导使用。

2. 旅程表的内容

旅程表的内容一般包括以下方面：日期；时间，如目的地抵离时间和中转时间，就餐、休息的时间，开展各项活动的时间；地点，如本次公务旅行的目的地，旅行过程中各项活动的地点、食宿地点等；公务活动内容，如洽谈、会议、访问、宴请、娱乐活动及私人事务活动等；交通工具，如出发、返回时的交通工具，停留地的交通工具等；联系方式及其他信息，如当地联系的信息，所在地名称、旅馆名称及电话，会晤者姓名，对方单位名称、所在地及电话，海外出差时当地大使馆所在地及电话等；备注，记载注意事项，如飞机起飞时间、中转站或中转机场名称、休息时间、时差、当地的风俗习惯和礼仪等。

3. 领导旅行的准备工作

领导旅行的准备工作包括编制方案、预定车票、安排住宿、备齐随身携带的用品、准备差旅费、准备相关背景资料，如当地的文化、习俗习惯和禁忌的资料，谈判对方的单位和个人资料。

九、陪同领导调研

办公室工作人员陪同领导深入基层，调查研究，听取反映，总结典型经验，或发现带倾向性的问题，掌握第一手情况，为正确决策和部署工作做好准备。

陪同领导调研具有流动性大、时限性强、环境复杂、情况多变、工作要求高的特点。

（一）陪同领导调研的要求

陪同领导调研时要注意：工作要主动，调研前做好准备工作；办事要细心，包括调研的组织工作要精心准备、周密安排；说话要谨慎，做好领导的帮手；要以身作则，不借调研之名向调研单位和个人索要待遇和礼物等。

（二）陪同领导调研的程序

1. 调研前准备

（1）了解调研的目的、内容，调研的单位或个人的基本情况，调研的行程安排。

（2）制定调研的方案。包括根据领导的指示和意图拟制调研的基本方案、调研提纲，做好调研安排的计划，并通知调研单位和个人。

（3）搜集调研相关资料。包括调研背景资料、调研单位和个人的相关资料。

（4）做好物质准备。携带调研所需要的材料，包括办公用具、照相机、录音材料等。

2. 实施陪同调研

（1）做好组织安排。陪同领导调研，安排好调研现场，包括现场座谈会或个别访问等的地点、时间和人员的安排。

（2）做好记录，提出建议。在领导调研时要做好记录，在调研阶段如果发现问题，应主动向领导提出意见和建议。

（3）处理好日常事务。主动处理协调好调研中领导的吃、住、行等方面的安排。

3. 调研善后工作

（1）做好返程安排。安排好领导的返程交通和住宿。

（2）资料收集整理。对调研中的相关资料应做好收集工作，并在返程后进行整理，为进一步对资料的分析做好基础，对调研中发现的问题也可以提出相应的建议。

（3）研究总结，撰写调研报告。对调研工作中搜集的信息进行进一步的研究、总结，形成结论，并撰写调研报告。

十、领导临时交办事项

领导临时交办事项具有以下特点：临时性、广泛性、急迫性、具体性。

领导临时交办事项包括接待工作有关事项、联络工作有关事项、办文工作有关事项、办会工作有关事项、信息工作有关事项、调研工作有关事项、信访工作有关事项、督察工作有关事项、协调工作有关事项。

【思考题】

1. 会前筹备主要包括哪些方面的内容？
2. 如何做好会议记录和会议简报？
3. 工作时间表和工作日志如何制订？
4. 如何做好陪同领导调研工作？

（蔡小霞　赵一村）

第六章
公文写作与档案管理

【阅读提示】

通过本章的学习，了解公文的特点、功能和种类，熟悉公文的行文规则、格式规范及语言规范，掌握法定行政公文的写作要求，并能够完成通知、请示、函等常用文体的写作。熟悉计划、总结、调研报告等常用事务类公文的写作要求，了解公文处理程序及文书档案的管理模式。

第一节　公文概述

公文是公务文书的简称。它是党政机关、社会团体、企事业单位等法定组织实施领导、履行职能、处理公务，按规定程序，向特定对象制发的具有法定效力和规范体式的文书。公文有法定公文和一般公文之分。法定公文是指经公文法规确定的公务文书，其适用范围、体式、处理程序等都有严格的规定。一般公文是指未经法规确定的公务文书，范围广、种类多。

公文的使用历史悠久。距今约3500年前的殷商甲骨文，是我国迄今发现的最早的公文。此后公文载体先后经历了金文、石刻、简册、缣帛、纸质、磁介质、感光介质、电子公文等不同形式的演进。在文体沿革上，从秦汉至明清，公文文种不下六七十种。近代以来，尤其是中华人民共和国成立后，公文文体逐渐规范化，当前党政机关通用的法定行政公文文种共有15种。

一、公文的特点和功能

（一）公文的特点

与其他文体，尤其是文学性质的文章相比，公文具有以下几方面的特点。

1. 价值的实用性

公文区别于其他文体的本质属性是实用性。为了解决行政管理中的实际问题，公文写作必须以实用为目的，具有明确的目的性和针对性。从实际运用来看，公文制发和传递的目的都是为了处理公务，而不是办理私事。

2. 建构的模式性

为了实现处理公务的目的，公文需要按照固定的模式写作，这样作者写起来简便、快捷，读者看起来一目了然。2012 年由国家质量监督检验检疫总局、国家标准化管理委员会发布的《党政机关公文格式》（GB/T9704—2012），是关于公文通用纸张、排版和印制装订要求、公文格式各要素编排规则等的国家标准。其他一般事务类文书，虽然不像法定公文那样严格，但仍具有较为稳定的格式和写法。

3. 表述的简约性

为提高文章实用的效能，公文尚简约、忌浮华。公文写作要求用最精练的文字准确地说明事由，解说事理，陈述办法。在表达方式上，常用说明、叙述、议论等，尽量少用或不用抒情、描写。

（二）公文的功能

公文的功能是指公文在公务活动中发挥的实际效力。在实际运用中，公文的作用主要表现为领导指导功能、行为规范功能、宣传教育功能、公务联系功能和凭证依据功能。

二、公文的种类

根据不同的分类标准，可以将公文进行如下分类。

（一）按照行文方向分类

公文可分为上行文、下行文、平行文三种类型。上行文是指下级机关、单位向有领导或指导关系的上级机关、单位呈送的公文。下行文是指上级机关、单位向所属的下级机关、单位发送的公文。平行文是指平级机关或不相隶属的机关、单位之间往来的公文。

（二）按照涉密程度分类

公文可分为普通公文、秘密公文、机密公文和绝密公文，其内容机密程度依次递增。对于密件的发送、传递、保管均须遵守相应的保密规范。

（三）按照处理时限分类

公文可分为平件公文、加急件公文、特急件公文等。特急文件的内容至关重要且特别紧急，必须在最短的时间内以最快的速度优先传递、处理，加急文件的紧急程度次之。

（四）按照公文来源分类

公文可分为收文和发文。收文是指本机关收到的其他机关制发的公文，发文则是由本机关制发的公文。

（五）按照处理方式分类

公文可分为阅件和办件。阅件是指只需知晓相关内容、掌握情况即可的公文，如报告、周知性通告等。办件是指需要进行具体办理的公文，如请示、指示性通知、指导性意见等。

三、公文的行文规则

公文的行文规则是指公文在制发、传递、办理过程中所应遵循的规定或准则。了解公文的行文规则，是为了在制发公文时，合理确定行文方向，根据发文目的、行文关系、发文机关的权限等因素，恰当地选择合适的文种。

（一）公文行文的基本原则

在公文行文时，应坚持从简原则和系统原则。

（二）公文的行文关系

公文的行文关系是指发文机关与受文机关之间因职权不同所形成的工作关系在行文中的体现。在具体的行政管理中，包含行政隶属、业务指导、垂直管理、属地管理、归口管理、无隶属关系及联合行文等不同的行文关系。

（三）公文的行文方向

公文的行文方向是以发文机关为立足点向不同机关运行的去向。行文方向是行文关系的反映。在公文写作中，上行文、下行文适用于领导与被领导、指导与被指导的行文关系，平行文适用于平行关系及不相隶属关系。

四、公文的格式规范

公文格式遵循国家质量监督检验检疫总局、国家标准化管理委员会2012年发布的《党政机关公文格式》（GB/T 9704—2012）。文件式公文的基本格式要素可分为版头、主体、版记三个部分。

（一）版头部分

公文首页红色分割线以上的各部分统称为版头，主要包括以下格式要素：

(1) 公文份号：是指将同一文稿印制若干份时对每份公文的顺序编号。用六位阿拉伯数字顶格编排在版心左上角第一行。

(2) 密级和保密期限：密级是表明公文保密等级的标志符号，保密期限是对公文密级的时效加以规定的说明。用3号黑体字顶格标识在版心左上角第二行，用3号黑体字，密级和保密期限之间用“★”隔开，保密期限中的数字用阿拉伯数字标注。

(3) 紧急程度：是指对公文送达和办理的时限要求。用3号黑体字，顶格标注在版心左上角。

(4) 发文机关标志：是指表明公文作者的标志。通常用大号字体套红标识于公文首页上端，由发文机关的全称或规范化简称加“文件”二字构成。

(5) 发文字号：又称发文编号，是指发文机关对其所制发的公文依次编排的顺序代码。由机关代字、发文年份、发文顺序号组成。需要注意正确使用机关代字，发文年份应标阿拉伯数字全称，用六角括号“〔〕”括入，不得使用圆括号或方括号。发文顺序号应使用阿拉伯数字编号，不加“第”字，不编虚位，在阿拉伯数字后加“号”字。

(6) 签发人：适用于上行文，代表机关最后核查并批准公文向外发出的领导人姓名。签发人姓名平行排列于发文字号右侧。

（二）主体部分

公文首页红色分割线之下、公文末页首条分割线之上的部分称为主体，主要包括以下格式要素。

（1）公文标题：用2号小标宋体字，编排于红色分隔线下空二行位置。由发文机关名称、事由和文种构成。拟写公文标题需要换行时，要注意语义完整，形式美观。

（2）主送机关：是指公文的主要受理机关，在标题下空一行，居左顶格用3号仿宋体字标识。

（3）公文正文：是指公文的主体部分，用于阐述具体内容，表达发文意图。公文正文一般用3号仿宋体字，编排于主送机关名称下一行，每个自然段左空二行，回行顶格。一般按照“一、”“（一）”“1.”“（1）”的次序进行正文层次序号的标注。

（4）附件说明：是指对附属于正件的其他文件或材料的说明。在正文下空一行左空两个字编排“附件”二字，后标全角冒号和附件名称。

（5）公文生效标识：是指证明公文效力的表现形式，包括发文机关署名和印章，同时要标注成文日期。在使用印章时，需注意端正、居中，下压发文机关署名和成文日期。成文日期用阿拉伯数字将年、月、日标全。

（6）附注：是指对文件内容或有关事项、要求的注解和说明。用圆括号括入，用3号仿宋体字，居左空二行编排在成文日期下一行。

（7）附件：是指对正文的说明、补充或参考资料。附件应当另面编排，并在版记之前，与公文正文一起装订。

（三）版记部分

公文末页首条分隔线以下、末条分隔线以上的部分称为版记，主要包括以下格式要素。

（1）版记中的分隔线：首条分隔线和末条分隔线用粗线，中间的分隔线用细线。首条分隔线位于版记中第一个要素之上，末条分隔线与公文最后一面的版心下边缘重合。

（2）抄送机关：是指除主送机关以外需要执行或知晓公文的其他机关。一般用4号仿宋体字，在印发机关、印发日期之上一行编排。

（3）印发机关和印发日期：印发机关是指公文的印制主管部门，一般是发文机关的办事机构。一般用4号仿宋体字，编排在末条分隔线之上。

(4) 页码：一般用4号半角宋体阿拉伯数字，编排在公文版心下边缘之下，数字左右各放一条一字线，单页码居右空一字，双页码居左空一字。

除了上述“文件式”公文的一般格式规范以外，还有“信函式”“命令式”“纪要式”等特定类型公文的特殊格式规范。

五、公文的语言规范

（一）公文的语言要求

公文的语言注重实用，应符合规范、准确、质朴、简洁的基本要求。

规范是指语言表达具有统一的标准，具体包括用字用词规范、符合现代汉语的语法规范、正确使用辅助语言符号、规范运用缩略语等要求。

准确是指语言表达应精准而严谨，没有差错。具体体现在准确表达发文依据、准确反映客观实际、严格符合逻辑要求等。

质朴是指公文语言的通俗易懂、端庄大方、清新流畅。在撰写公文时，尽量不用双关、反语、夸张等修辞手法，应做到朴实无华、明白显露、直截了当。

简洁是指公文语言的简短和简明的特点。在准确表达思想内容的前提下，应力争用较少的语言和较短的篇幅表达丰富的内容，同时应将思想内容表达得简要明白，便于理解、执行。

（二）公文语言的操作要点

在公文语言的具体运用方面，还需要注意以下操作要点。

1. 规范使用数字

公文中表达数量概念时，一般使用阿拉伯数字；在使用非公历纪年、相邻的两个数字表示概述、以数字为词素构成词语等特殊情形下，需使用汉字数字。

在使用阿拉伯数字时，纯小数必须写出小数点前定位的“0”；年月日的表达顺序按照口语中的自然顺序书写；一个用阿拉伯数字书写的数值应该在同一行中，避免断开。

在使用汉字数字时，两个数字连用表示概数时，两数之间不用顿号“、”隔开；汉字数字“零”用作编号时，其书写形式为“〇”。

2. 准确表达数值概念

表示数值的增加或减少时，需要区分“增加到”“降低到”和“增加了”（“增加”）“降低了”（“降低”）所表达的不同内涵。

使用倍数和分数时，需注意可以说“增加了多少倍”，不能说“减少了多少倍”。

使用界限词时,应区分包含给定数值的界限词(如“以前”“以后”“之上”“之下”等)与不包含给定数值的界限词(如“前”“后”“超过”“不到”等)所表达的不同内涵。

第二节　法定行政公文写作

2012 年 7 月 1 日起施行《党政机关公文处理工作条例》,规定党政机关法定文种有 15 种:决议、决定、命令(令)、公报、公告、通告、意见、通知、通报、报告、请示、批复、议案、函、纪要。

一、决议、决定、命令(令)

决议和命令(令)属于较高层级的党政机关使用的指令性下行文,使用范围较小,具有严格的制发标准。决定则在各级党政机关、社会团体、企事业单位中均有较广泛的应用。

(一)决议

适用于会议讨论通过的重大决策事项,是要求贯彻执行的重要决策性公文。

(二)决定

适用于对重要事项或重大行动做出决策部署、奖惩有关单位和人员、变更或者撤销下级机关不适当的决定事项。

(三)命令(令)

适用于公布行政法规和规章、宣布施行重大强制性措施、批准授予和晋升衔级、嘉奖有关单位和人员。

二、公报、公告、通告

从公文使用范围来看,公报、公告、通告等文体均是主要体现知照功能的公文文种，其中，公报、公告对发文机关、制发标准有更为严格的要求。

（一）公报

适用于公布重要决定或重大事项。

（二）公告

适用于向国内外宣布重要事项或者法定事项。

（三）通告

适用于在一定范围内公布应当遵守或者周知的事项。

三、意见、通知、通报

（一）意见

适用于对重要问题提出见解和处理办法。具有政策性强、行文多向性等特点，有上行意见、下行意见、平行意见等不同类型。

（二）通知

适用于发布、传达要求下级机关办理和需要有关单位周知或者执行的事项；批转下级机关的公文，转发上级机关和不相隶属机关的公文等。从行文关系上看，通知属于下行文，有时也可用于平行文。

通知一般包括标题、主送机关、正文、公文生效标识等部分。

（1）标题：通常为发文机关 + 事由 + 文种，如《国务院办公厅关于印发老年教育发展规划（2016—2020 年）的通知》。

（2）主送机关：通知的主送机关较多时，在写作时用泛称表示，如“各省、自治区、直辖市人民政府，国务院各部委、各直属机构”。

（3）正文：通知的正文部分一般包括通知缘由、通知事项等内容，针对不同类型的通知，内容各有侧重。

根据适用范围的不同，通知可分为指示性通知、事务性通知、印发性通知、转发（批转）性通知、知照性通知、会议通知等种类。

指示性通知应强调工作安排的总体原则、具体措施等。

事务性通知则侧重于交代工作任务何时开展、如何实施等细节。

印发、转发（批转）性通知应包含印发或转发（批转）对象、印发或转发（批转)依据、印发或转发(批转)决定、执行要求等必要内容。此类通知是复合体公文,被印发或转发(批转)的文字材料附在通知之后。

知照性通知只知照有关事项即可,结尾没有执行要求,常用“特此通知”结束全文。

会议通知需要交代会议的基本信息、参会人员的注意事项与要求等。

例文1是一则事务性通知,而例文2则是一则印发性通知。

例文1

国务院办公厅关于2017年部分节假日安排的通知

国办明电〔2016〕17号

各省、自治区、直辖市人民政府,国务院各部委、各直属机构:

经国务院批准,现将2017年元旦、春节、清明节、劳动节、端午节、中秋节和国庆节放假调休日期的具体安排通知如下。

一、元旦:1月1日放假,1月2日(星期一)补休。

二、春节:1月27日至2月2日放假调休,共7天。1月22日(星期日)、2月4日(星期六)上班。

三、清明节:4月2日至4日放假调休,共3天。4月1日(星期六)上班。

四、劳动节:5月1日放假,与周末连休。

五、端午节:5月28日至30日放假调休,共3天。5月27日(星期六)上班。

六、中秋节、国庆节:10月1日至8日放假调休,共8天。9月30日(星期六)上班。

节假日期间,各地区、各部门要妥善安排好值班和安全、保卫等工作,遇有重大突发事件,要按规定及时报告并妥善处置,确保人民群众祥和平安度过节日假期。

国务院办公厅

2016年12月1日

例文 2

省政府办公厅关于印发江苏省贯彻实施质量发展纲要 2016 年行动计划任务分工的通知

苏政办发〔2016〕69 号

各市、县（市、区）人民政府，省各委办厅局，省各直属单位：

《江苏省贯彻实施质量发展纲要 2016 年行动计划任务分工》已经省人民政府同意，现印发给你们，请认真组织实施。

江苏省人民政府办公厅

2016 年 6 月 27 日

（此件公开发布）

江苏省贯彻实施质量发展纲要 2016 年行动计划任务分工（略）

（4）公文生效标识：包括发文机关署名、成文日期和印章。

通知具有广泛性、指导性、执行性等特点。因此，在写作过程中，应明确写作目的，恰当使用不同种类的通知。撰写时需要突出重点，为下级机关的行为规范提出具体的指导。

（三）通报

适用于表彰先进、批评错误、传达重要精神和告知重要情况。按照涉及内容，可分为表彰性通报、批评性通报和情况性通报。

四、报告、请示、批复

（一）报告

适用于向上级机关汇报工作、反映情况，回复上级机关的询问。报告属于上行公文，具有禀报性、客观性、概括性的特点。

（二）请示

适用于向上级机关请求指示、批准。请示属期复性的上行公文。下级机关遇到属于本机关职权范围内无权处理或确实难以处理的问题与事项时，通过请示获得上级机关的指示、批准，然后付诸实施。这样可以维护政令的一致性，保证国家各层次的管理工作步调统一并获得高效能。根据内容的不同，请示可分为求示性请示和求准性请示两类，见例文3。

例文3

温州市××区大门镇人民政府关于要求设立小门渡口的请示

大政〔2016〕10号

区人民政府：

为方便大门镇、鹿西乡的人民群众出行便利，根据《浙江省渡口安全管理办法》（1997年9月4日省政府令88号）的规定，小门渡口——鹿西符合设计渡口的相关条件和要求，现将设立渡口的有关事项函告如下：

一、渡口性质：乡镇渡口。

二、渡口名称：小门渡口。

三、渡口位置：大门镇小门村。

四、渡口区域范围：小门渡口—鹿西渡口的渡船往返航线。

五、管理职责：大门镇为渡口具体管理部门。

以上请示，如无不妥，请予以批复。

温州市××区大门镇人民政府

2016年5月23日

请示的主体部分包括以下内容。

（1）标题：一般由发文机关、事由和文种构成，如《××区人民政府关于开展城市管理综合执法工作的请示》。

（2）主送机关：只能有一个主送机关，一般为直接上级机关，不能多头请示。

（3）正文：请示的正文一般由请示缘由、请示事项、结语等三部分组成。请示缘由需要写明请示的原因、目的、依据，采用叙事及说理相结合的方法。请示事项要写明请求上级机关指示、批准、答复的具体事项，一般用“为此，特请求……”“鉴于以上情况，特请示如下”等语句引出请示事项。请示正文的结尾通常以“当否，请批示”“妥否，请批示”等惯用语结束。

（4）公文生效标识：包括发文机关署名、成文日期和印章。

请示具有期复性、单一性、事前性等特点。因此，在写作中，请示应当一文一事，避免造成批复困难。请示必须在工作开始前行文，不得先斩后奏。

（三）批复

适用于答复下级机关请示事项。批复与请示关系密切，有请示才有批复。“批”是在下级机关呈请的公文上签署意见，“复”是有针对性地做出答复。批复具有被动性、针对性、权威性的特点。与请示对应，批复也包括指示性批复和批准性批复两种类型。指示性批复是针对求示性请示，做出解释性、指示性答复的批复。批准性批复是针对求准性请示，做出认定、审批、表明态度的批复。

批复的主体部分包括以下内容。

（1）标题：一般由发文机关、事由和文种构成，如《国务院关于同意开展服务贸易创新发展试点的批复》。

（2）主送机关：一般也只有一个，即请求批准、指示的下级机关。

（3）正文：批复的正文一般由批复缘由、批复事项、结语等三部分组成。批复缘由通常要点出批复对象，使用“经研究，批复如下”“现答复如下”等过渡语引出批复事项。批复事项要根据请示的内容做出具体的答复。批复正文的结尾通常以“特此批复”“此复”等惯用语结束。

（4）公文生效标识：包括发文机关署名、成文日期和印章。

五、议案、函、纪要

（一）议案

适用于各级人民政府按照法律程序向同级人民代表大会或人民代表大会常务委员会提请审议事项。

（二）函

适用于不相隶属机关间商洽工作，询问和答复问题，请求批准和答复审批事项。按照发文目的，函可分为去函和复函。按照内容和用途，函可分为商洽函、询问函、知照函、请批函与审批函。商洽函指用于商洽工作、联系有关事宜的函；询问函主要用于询问某一事项、征求意见等；知照函适用于告知某一事项或某一活动，一般不需要答复；请批函是向不相隶属的政府主管部门请求批准某一事项或要求，或请求主管部门解释有关政策、法律、法规、规章等的函；审批函是有关主管部门对不相隶属机关请求批准某业务事项或请求解答某政策性问题的请批函的正式答复，见例文4。

例文4

教育部关于同意××科技学院更名为××科技大学的函

教发函〔2016〕54号

江苏省人民政府：

《江苏省人民政府关于商请同意××科技学院更名为××科技大学的函》（苏政函〔2015〕64号）收悉。

根据《高等教育法》《普通高等学校设置暂行条例》《普通本科学校设置暂行规定》的有关规定以及全国高等学校设置评议委员会六届五次会议的评议结果，经研究，同意××科技学院更名为××科技大学，学校标识码为413201××××；同时撤销××科技学院的建制。现将有关事项通知如下：

一、××科技大学系多科性本科学校，以本科教育为主，同时承担研究生培养任务。

二、学校由你省领导和管理，其发展所需经费由你省统筹安排解决。

三、学校全日制在校生规模暂定为17800人。

四、学校现有专业结构的调整和新专业的增设，应按我部有关规定办理。

望你省加强对该校的领导，加大资金投入，引导学校科学定位，全面加强内涵建设，强化学校发展战略规划研究，努力提高教育质量、科研水平和办学效益，创新人才培养模式，重点培养服务区域经济社会发展所需要的应用型、技术技能型、复合型人才，促使学校办出特色和水平，为江苏省的经济建设和社会发展做出更大贡献。

该校参与举办的独立学院××科技学院天平学院，同时更名为××科技大学天平学院。

教育部

2016年3月1日

函的主体部分包括以下内容。

（1）标题：一般由发文机关、事由和文种构成，如《南京市农业委员会关于征求〈南京市农业项目管理办法〉修改意见的函》。

（2）主送机关：有明确的受文对象。

（3）正文：一般由发函缘由、发函事项、结语等二部分组成。发函缘由通常要写明发文的原因、目的，复函则要引述来函的标题和发文字号。发函事项要写明需要商洽、询问、答复、请求批准的事项。去函的结尾通常以“特此函告”“敬请函复”等惯用语结束，复函的结尾通常以“特此函复”“此复”等惯用语结束。

(4) 公文生效标识：包括发文机关署名、成文日期和印章。

函的写作具有平等性、灵活性、单一性等特点。要求函在撰写时，应在姿态、措辞、口气等方面体现平行文特点。函的内容必须单纯，一般一事一文、一函一复，不可一函中包含多个事项。

（三）纪要

适用于记载会议主要情况和议定事项，是对相关会议的记录、会议的文件和有关资料进行概括提炼，反映会议情况和精神的一种公文。纪要可以下行，也可以平行。下行的纪要具有下行文的权威性和约束力，受文机关应根据情况“参照执行”或“贯彻执行”。

第三节　事务类公文写作

事务类公文是指除法定行政公文的文种之外，适用于日常管理事务的一般公文，按照其使用范围，可分为行政事务类文体、经济事务类文体、社交礼仪类文体等类型。

一、行政事务类文体

常见的行政事务类文体包括公示、传真稿、备忘录、计划、总结、述职报告、调查报告、简报、会议讲话稿等。其中，公示、传真稿、备忘录、计划等是以办理事务为主要目的，摄取材料较少，不需要以材料去证实观点。而总结、述职报告、调查报告、简报、会议讲话稿等则是以传递情况为主要用途，需要较多地摄取材料，通过材料揭示观点。

（一）公示

狭义的公示是国家机关、社会团体、企事业单位公开发布制度、事务的一类文书。广义的公示则还包括了人们熟知的习用已久的启事、声明等。

公示在结构上大体包括标题、正文、落款等部分。正文主要包括发布公示的原因、目的、具体事项和有关要求，以及联系方式等内容。根据内容篇幅，可以篇段合一，也可以分条列项。正文最后，可以用“此启”“特此公示”等惯用语结束。

（二）传真稿

传真稿是利用电子通信技术在不同机构之间进行超时空传送的文书。具有真迹传输、便捷可靠的特点。在写作上，传真稿与一般的书信类似，通常包括标题、眉首、正文、落款等组成部分。其中，眉首应写明收件人姓名、单位、抄送人姓名、传真号，以及发件人的姓名、发件日期、总页数、传真号、电话、主题、紧急程度及回复要求选项等。

（三）备忘录

备忘录是一种录以备忘的公文，属于非正式的办公函件、便条，主要用来提醒、督促对方，或就某个问题提出自己的意见或看法。一般用来补充正式文件的不足。

备忘录包括标题、眉首、正文、落款等必要组成部分。其中，眉首部分应包含发文人或发文单位、收文人或收文单位、地址、发文日期等基本信息。

（四）计划

计划是党政机关、企事业单位、社会团体和个人，为了在未来一段时期内达到一定的目标或完成一定的任务而预先制定的方法、步骤和措施的公文。计划具有预见性、科学性、时效性、普遍性等方面的特点。

计划的撰写，一般包括标题、前言、主体、结尾、署名和日期等组成部分。主体部分重点阐述目标任务（做什么）、具体措施（怎么做）、实施步骤（何时做）等不同层面的计划安排。

（五）总结

总结是党政机关、企事业单位、社会团体等组织或个人对已经完成的某项工作或某一阶段工作进行全面回顾和分析研究，明确成绩、问题，概括经验、教训，揭示客观规律，用以指导今后工作的一种事务类公文。

总结的撰写，一般包括标题、概况、主体、分析、署名和日期等组成部分。总结的主体部分是从总结对象所开展的主要工作、做法、成绩等方面进行归纳整理，分析部分则重点围绕工作中所形成的基本经验、存在的问题及原因、努力的方向等方面展开分析。

（六）述职报告

述职报告是任职者向上级领导机关、主管部门或广大群众陈述自己在担任某种领导职务的一定时期内依法履行岗位职责、实现责任目标情况的文书。述职报告具有禀告性、创新性、辩证性等特点。述职报告的撰写，一般包括标题、称谓、正文、落款等组成部分。正文主要围绕工作完成情况、主要做法、经验、问题及下一步的打算等方面展开。

（七）调查报告

调查报告是运用科学的方法，有目的、有计划地对某一社会现实情况、问题、经验进行认真调查分析和归纳总结后写成的反映客观实际、揭示事物本质和规律的书面报告。调查报告具有针对性、真实性、典型性、实效性等特点。

调查报告一般包括标题、前言、主体、结尾、署名和日期等组成部分。调查报告的主体部分，首先要详细交代调查对象的具体情况，并在调查资料处理的基础上，找出所调查问题的内在规律，形成明确的结论。

（八）简报

简报是机关、团体、企事业单位等组织用来反映情况、沟通信息、交流经验、指导工作的一种以内部使用为主的文书。最初的简报是专向有关领导简明扼要地反映情况，现已成为上级与下级、同级机关之间快速互通情报的工具。简报具有时效性、简明性、综合性等特点。

简报的样式，一般包括报头、报核、报尾三个部分。报头具有固定的格式，包括简报的名称、期号、编发单位和发行日期。报核即刊登的简报文章，少则一篇，多则数篇。简报文章由标题、导语、主体、结尾、背景等部分构成。报尾包括简报的报、送、发机关。

（九）会议讲话稿

会议讲话稿是各级党政机关和企事业单位的领导人在会议上发言的文稿。会议讲话稿具有针对性、论述性、生动性等特点。

会议讲话稿的撰写，一般包括标题、题下标识和讲话人、称谓、正文等组成部分。会议讲话稿的正文，首先需要用精练的语言抓住听众，引起听众的兴趣，可以概述会议场面、表示慰问祝贺，或开门见山，提出中心话题。讲话稿中，要对所涉及的问题提出深入、具体的分析和解决办法。讲话稿的写作要符合讲话者的身份，适应讲话者的语言风格。

二、经济事务类文体

经济事务类文体是适用于经济活动的一类文体的总称，包括意向书，订货单，经济合同，招、投标书，商品说明书，可行性研究报告等不同的种类。

（一）意向书

意向书是当事人双方在平等协商的基础上对合作项目达成初步意见后而签订的明确双方共同观点的书面材料。意向书具有临时性、协商性、一致性等特点。

意向书一般包括标题、正文、落款等组成部分。正文首先介绍签订意向书的缘由、依据、目的，然后以条文形式表述合作各方达成的具体意向。

（二）订货单

订货单是买方向卖方订购产品和货物时所填写的单据，是买卖双方之间货物交易的依据和凭证。订货单具有履行性、严肃性的特点。

订货单一般包括标题、正文、结尾等组成部分。正文应包括买卖双方的信息、订货信息、配送方式、付款方式等内容，结尾要写明订货单位、订货日期、经办人签章等。

（三）经济合同

经济合同是指平等主体的自然人、法人、其他经济组织之间，为实现一定的经济目的，按照法定程序、明确相互权利和义务的一类协议性文书。

经济合同一般包括标题、正文、签署、附件等组成部分。正文部分，首先应标明“订立合同单位”，写清双方（或几方）单位（或人）的名称。开头先用一两句话说明签订合同的目的或双方应共同信守合同的条款等。然后按照协议，逐项写明议定的条款。有的合同尾部常用“附则”表示，包括合同效力、合同文本份数、有效期限、生效条件等。

（四）招、投标书

招标书也称为招标通知、招标启事等，是一种告知性文件，一般通过大众传媒公开。投标书又叫投标函、投标申请书，是投标人按照招标书的要求，向招标单位提出自己投标意向的书面请求。招、投标书具有竞争的公开性、制作的规范性、承诺的可行性、时间的限定性等特点。

招、投标书的结构大体相同，完整的招、投标书一般包括标题、引言、正文、结尾等部分。招标书正文应交代招标方式、招标范围、招标程序、招标内容的具体要求，双方签订合同的原则、招标过程中的权利和义务、组织领导、其他注意事项等内容。投标书需介绍自身情况、完成招标项目的实力和优势、为完成招标项目将采取的具体措施、完成后达到的标准等。

（五）商品说明书

商品说明书是一种概括介绍商品用途、性能、特征、使用方法及注意事项的说明性文书，主要起到指导用户选择商品、使用商品的作用。商品说明书具有科学性、说明性、指导性、简明性等特点。

商品说明书的撰写，一般包括标题、正文、落款等组成部分。根据商品类型的不同，正文部分应有所侧重地介绍商品的用途、性能、安装和使用方法、保养和维修方法等内容。

（六）可行性研究报告

可行性研究报告是运用经济理论和科学方法，对在技术上、经济上是否合理可行，进行论证分析，做出最终评估和决策的文书，是为项目的批准和立项提供依据的书面文件。可行性研究报告具有论证的科学性、分析的辩证性、决策的准确性等特点。

可行性研究报告一般包括标题、正文、落款、附件等组成部分。正文部分需围绕项目实施的必要性、可行性、预期目标、存在的问题等进行充分论述。

三、社交礼仪类文体

社交礼仪类的文书，是应用于社交场合、表示一定的礼节仪式的应用文体，主要包括请柬、邀请书、贺信、感谢信等类型。

（一）请柬

请柬是单位、团体或个人邀请有关人员参加会议、庆典或某些重大活动时所使用的告知性、礼仪性的专用文书。请柬具有礼貌性、郑重性、公开性、艺术性等特点。

请柬通常包括标题、称谓、正文、落款等组成部分。在制作请柬时，应做到语言简洁、行文热情、措辞典雅、制作精良。

（二）邀请书

邀请书，又称邀请函、邀请信，是邀请有关人士前来参加某项活动的一种专用书信。除了具有请柬的作用外，还具有通知和提供信息的作用。邀请书具有广泛性、庄重性、详尽性等特点。

邀请书一般包括标题、称谓、正文、落款等组成部分。应分段写明邀请对方参加何种活动及举办活动的具体时间、地点，邀请的原因及活动的安排细节等。如有参加会议的回执要求，应标注清楚。正文通常以“致礼”“敬请光临”等惯用语结束。

（三）贺信

贺信是向已经取得成绩、做出贡献或有喜庆事宜的单位或个人表示祝贺的礼仪文书。贺信具有祝贺性、抒情性、交际性等特点。

贺信通常包括标题、称谓、正文、落款等组成部分。贺信的正文应给对方以热情洋溢的鼓励和祝愿，以祝贺、赞颂为中心内容，做到感情充沛、语言精练。

（四）感谢信

感谢信是向关怀、支持或帮助自己的单位或个人表示感谢的一种专用书信。感谢信具有对象的明确性、事实的具体性、感情的鲜明性等特点。

感谢信通常包括标题、称谓、正文、落款等组成部分。感谢信的正文应简述感谢的缘由，并对自己受到的关怀、支持、帮助等进行高度评价，诚恳表示向对方致谢的意思。

第四节　收发文书与档案管理

公文办理包括收文办理、发文办理和整理归档等一系列相互关联、衔接有序的流程。

一、收发文书程序

（一）收文办理程序

收文处理是指机构收受外单位发来的公文并对其进行传阅或办理的过程，包括签收、登记、初审、承办、传阅、催办、答复等程序。

（1）签收：对收到的公文应当逐件清点，核对无误后签字或者盖章，并注明签收时间。

（2）登记：对公文的主要信息和办理情况应当详细记载。

（3）初审：对收到的公文应当进行初审。初审的重点为，是否应当由本机关办理，是否符合行文规则，文种、格式是否符合要求，涉及其他地区或者部门职权范围内的事项是否已经协商、会签，是否符合公文起草的其他要求。经初审不符合规定的公文，应当及时退回来文单位并说明理由。

（4）承办：阅知性公文应当根据公文内容、要求和工作需要确定范围后分送。批办性公文应当提出拟办意见报本机关负责人批示或者转有关部门办理；需要两个以上部门办理的，应当明确主办部门。紧急公文应当明确办理时限。承办部门对交办的公文应当及时办理，有明确办理时限要求的应当在规定时限内办理完毕。

（5）传阅：根据领导批示和工作需要将公文及时送传阅对象阅知或者批示。办理公文传阅应当随时掌握公文去向，不得漏传、误传、延误。

（6）催办：及时了解掌握公文的办理进展情况，督促承办部门按期办结。紧急公文或者重要公文应当由专人负责催办。

（7）答复：公文的办理结果应当及时答复来文单位，并根据需要告知相关单位。

（二）发文办理程序

发文办理是指机构为履行职能制发公文的过程，包括复核、登记、印制、核发等程序。

（1）复核：已经发文机关负责人签批的公文，印发前应当对公文的审批手续、内容、文种、格式等进行复核；需做实质性修改的，应当报原签批人复审。

（2）登记：对复核后的公文，应当确定发文字号、分送范围和印制份数并详细记载。

（3）印制：公文印制必须确保质量和时效。涉密公文应当在符合保密要求的场所印制。

（4）核发：公文印制完毕，应当对公文的文字、格式和印刷质量进行检查后分发。

二、文书档案管理概述

（一）档案的概念和分类

档案是指过去和现在的国家机构、社会组织，以及个人从事政治、军事、经济、科学、技术、文化、宗教等活动直接形成的，对国家和社会有保存价值的各种文字、图表、声像等不同形式的历史记录。

从档案的形成领域，可将档案划分为公务档案和私人档案两类。从档案产生时间的长短，可将档案分为历史档案和现行档案两类。按照整理方法的不同，档案可分为文书档案、科技档案、财务档案、人事档案、电子档案、声像档案等。其中，文书档案是机关、团体、企事业单位在行政管理事务活动中产生的，由通用文书转化而来的那一部分档案的习惯称谓。

（二）文书档案管理的原则、要求

文书档案的管理应遵循以下原则：遵循文件材料的形成规律和特点；保持文件材料之间的有机联系；区分文件材料的价值；确定档案的保管期限；便于保管和利用。

文书档案管理应达到以下质量要求：归档文件应齐全完整；已破损的文件应予以修整；字迹模糊或易褪变的文件应予以复制；整理归档文件所使用的材料、纸张、装订材料等应符合档案保护要求。

（三）文书档案管理工作的流程

文书档案的管理工作包括以下基本内容。

（1）档案的收集：是档案工作的起点，包括档案机构对本单位归档案卷的接收，档案馆对现行机关或撤销机关移交档案的接收、对社会各界人士捐赠档案的接收、对流散在社会上的珍贵档案的征集等。

（2）档案的整理：是将零散文件分门别类地组成档案有机体的一项工作。包括分类、立卷、案卷的排列、案卷目录的编制等一系列工作程序。

（3）档案的鉴定：是指对档案保存价值的鉴定。通过鉴定，可以淘汰档案中无用的部分，存留其有用的部分，便于保管和利用。

(4) 档案的保管：是保护档案的安全、延长档案寿命的一项工作。包括档案保护技术工作和库房管理工作。

(5) 档案的检索：是对档案内容和形式进行分析、选择、浓缩和记录，并按照一定次序编排成为各种目录的工作过程。

(6) 档案的编研：是指档案工作人员对档案资料的编辑与研究工作。

(7) 档案的提供利用：是通过多种信息传输渠道和媒介，将档案信息传递给利用者的工作过程。

(8) 档案的统计：是以表格数字形式全面地反映档案、档案工作和档案事业状况。

三、文书档案管理模式

文件整理是指文件办理完毕后，将具有查考价值的文件材料，按照一定的原则和方法组成具有有机联系的组合体的过程。

文件归档是指根据国家有关规定，将属于归档范围的文件整理完毕，定期向本单位档案机构或者档案人员移交。

文书档案管理通常有两种模式，分别是案卷级整理归档和文件级整理归档。

（一）案卷级档案整理方法

传统的归档管理方法，把若干份文件按照其内部的有机联系，组合在一起，装订成一本，称为“案卷”。其主要流程包括以下环节。

1. 文件分类

通常可以按照年度、组织机构、问题、保管期限等对文件进行分类。

2. 文件组卷

首先，进行文件排列，对分类到恰当数量的一组文件进行认真分析，寻找出它们之间的主要特点，按照其主要的联系来排定它们的顺序，以固定每份文件在卷内文件中的位置。

其次，进行卷内文件编目，包括编页号、编卷内文件目录、填写卷内备考表。

再次，进行案卷编目，包括拟写案卷题名、填写案卷封面、编制案卷目录。

（二）文件级档案整理方法

新的归档整理方法，是以“件（Piece）”为单位进行装订、分类、排列、编号、编目、装盒，使之有序化的过程。件是归档文件整理的基本单位，一般以每份文件为一件，文件的正本与定稿为一件，正文与附件为一件，原件与复制件为一件，转发文与被转发文为一件，名册、报表、图册等一册（本）为一件，来文与复文为一件。

文件级档案整理主要包括以下几个流程。

1. 收集文件

是指根据有关规定，通过一定的方式和手续，把散存于机关内部和个人手中的文件材料清理、移交、聚集的工作。

2. 区分归档范围

是指根据文件材料能否反映本机关工作活动或者是否具有查考利用价值，将所收集的文件材料分为需要归档和不需要归档两类。

3. 文件的分类

将归档文件按其来源、时间、内容和形式等方面的异同，分为若干层次和类别，构成有机体系的过程。归档文件可以采用年度——保管期限——机构（问题）或保管期限——年度——机构（问题）等方法进行分类。

4. 修整文件

为了使文件档案能够便于保存，装订之前需对归档文件材料逐件进行检查，对不符合要求的文件材料进行加工和修整。

5. 装订

旨在从实体上最终确定“件”的形态，固定文件页次，防止文件张页丢失，便于归档后的保管和利用。

6. 排列文件

根据一定的方法确定全宗内归档文件先后顺序的过程。常用的有按事由排列法和按文号（文件形成时间）排列法。

7. 文件编号

将归档文件在全宗中的位置标识为符号，并以归档章的形式在归档文件上注明。包括件号编制、页号编写、盖归档章等步骤。

8. 编制归档文件目录

归档文件目录应包含件号、责任者、文号、题名、日期、页数、备注等项目。

9. 装盒

将归档文件按照其保管期限和室编件号的顺序依次装入盒内，并填写档案盒封面、盒脊和备考表项目等。

【思考题】

1. 公文具有哪些功能？

2. 公文的行文规则有哪些基本要求？

3. 收文和发文的办理程序有哪些要求？

4. 档案管理工作的流程包括哪些步骤？

（陈羲）

第七章 办公自动化

【阅读提示】

通过本章学习，了解计算机系统的组成和计算机网络基础知识，熟悉文件、文件夹、电子邮件、网站网页，以及计算机病毒防治等的基本操作，熟练掌握 Word 文字编辑排版，以及 Excel 数据统计分析等的基本操作。

第一节　计算机基础知识与应用

一、计算机系统的组成

电子计算机（Electronic Computer）又称电脑（Computer），诞生于 20 世纪 40 年代，此后，计算机呈现出飞跃式的发展。任何一台计算机都由硬件（Hardware）和软件（Software）两大部分组成。

硬件是我们看得见摸得着的计算机物理组成部件的总称，如显示器、主板、机箱、键盘、鼠标、打印机等，是计算机的物质基础。软件是在计算机上运行的程序、数据和文档，包含一系列的指令以指挥机器进行相应的操作，扩展了计算机的功能。

硬件和软件具有逻辑上的等价性，也就是说，硬件的功能可以用软件实现，软件的功能也可以用硬件实现。具体采用哪一种方式，取决于对运算速度、开发成本等各方面的要求。对于一个计算机系统而言，硬件和软件相辅相成、不可分割。

计算机系统的组成见图 7-1。

- 计算机系统
  - 硬件
    - 主机
      - 中央处理器（CPU）
        - 运算器
        - 控制器
      - 主存储器
        - ROM（只读存储器）
        - RAM（随机存取存储器）
      - 总线
        - 数据线
        - 地址线
        - 控制线
    - 外部设备
      - 输入设备：键盘、鼠标、扫描仪、数码相机等
      - 输出设备：显示器、打印机等
      - 辅助存储器：磁盘、光盘、U 盘、磁带等
  - 软件
    - 系统软件
      - 操作系统：DOS、Windows、UNIX 等
      - 程序设计语言
        - 机器语言
        - 汇编语言
        - 高级语言
      - 数据库管理系统
        - 层次型数据库
        - 网络型数据库
        - 关系型数据库
      - 实用程序、工具软件、支持软件
    - 应用软件
      - 文字处理软件：Word、WPS 等
      - 表格处理软件：Excel、Lotus1-2-3 等
      - 图形、图像软件：Photoshop、ACDSee 等
      - 网络通信软件：电子邮件（E-mail）、Windows Messager 等
      - 简报软件、统计软件

图 7-1　计算机系统的组成

二、计算机中的文件和文件夹

（一）文件和文件夹的概念

在微型计算机中，需要长时间保存的信息都应存储到外存储器上。按一定格式建立在外存储器上的信息集合称为文件。在 Windows 中，系统允许用户使用几乎所有的字符来命名文件，不允许使用的字符仅有以下几个，即\/：*？< >"|。

1. 文件名

文件名格式为：〈主文件名〉[.〈扩展名〉]

主文件名是必须有的，而扩展名是可选的，扩展名代表文件的类型。如 Myfirstfile. doc，My. first. file. doc。

2. 文件类型

根据文件存储内容的不同来划分，如应用程序文件(. exe 或. com)、文本文件(. txt)、Word 文档文件(. doc)等。

3. 文件的位置

起始位置是驱动器编号，如 A：，B：，C：等。

文件在盘中的位置，包含了要找到指定文件所依次经过的全部文件夹，如 C：\D1\D11\My. first. file. doc。

4. 文件夹

文件夹是专门存放各类文件的集合。每一个文件夹对应一块磁盘空间，它提供了指向对应空间的地址，它没有扩展名，也就不像文件的格式用扩展名来标识。文件夹有广泛的含义，桌面、“我的电脑”、磁盘驱动器等也是文件夹。

（二）文件和文件夹的基本操作

1. 创建文件和文件夹

(1) 右击桌面上的空白处，从弹出的快捷菜单中选取“新建”子菜单下的“文件”选项。

(2) 键入新文件的名字，按回车键或用鼠标点击其他地方确认。

(3) 创建文件夹的方法与创建文件的方法是一样的。

2. 删除文件和文件夹

首先选中要删除的文件，然后右击鼠标，在弹出的快捷菜单上选择“删除”或按 Del 键。需要说明的是，这里的删除并没有把该文件真正删除掉，只是将文件移到了“回收站”中，这种删除是可恢复的。

3. 搜索文件和文件夹

文件的搜索可分为按名称和位置、按日期、按高级等三种方式，它既可以搜索某一个文件，也可以搜索某种属性相同的所有文件。

在 Windows 7 中，有以下两种方式搜索：

(1) 选择“开始菜单”|“搜索程序和文件”，在图 7-2 方框指示区域内输入要查找的对象。

图 7-2　搜索文件界面 1

（2）双击打开桌面上写着“计算机”的图标，在图 7-3 右上部方框指示区域输入要搜索的文件名，即可用来搜索文件。

图 7-3 搜索文件界面 2

4. 文件的存储与打印

（1）文件的存储包括文件存储到外部存储器和存储到内部存储器两种。当用户需要实现文件在其他电脑上进行使用时，可以将其存储到 U 盘之类的外部存储器上。以 U 盘为例，在 USB 接口插入 U 盘后，进入“我的电脑”，打开移动硬盘的图标，将文件复制粘贴或右击文件将其拖入即可。文件存储到内部存储器，需先在文档打开的情况下，点击“保存”命令，即可。

（2）Word、Excel 或 PDF 等文件的打印都可以通过点击“打印”按钮完成。点击该按钮后，出现图 7-4 所示的表单，可以根据实际需要设定打印的页面范围、打印的份数等。

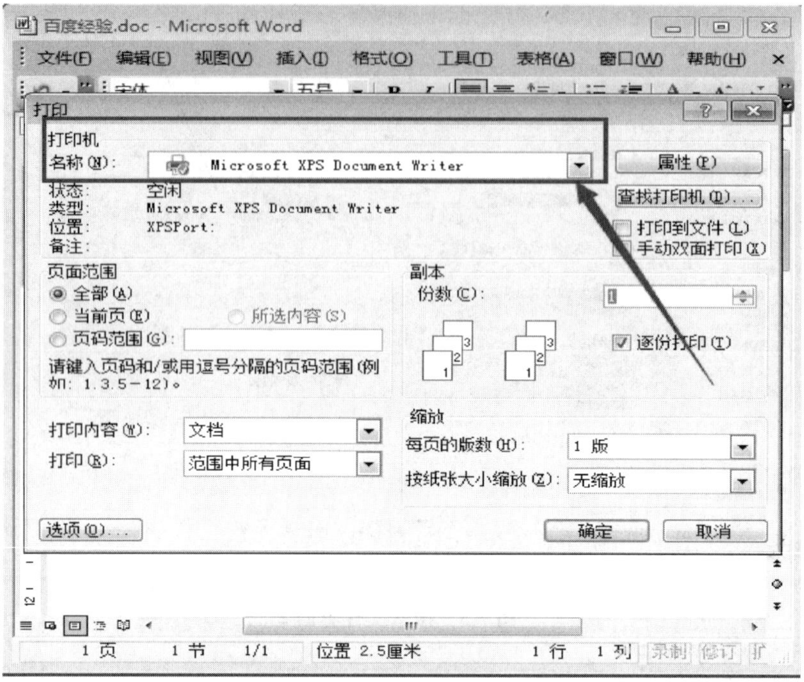

图 7-4　打印界面

5. 文件的压缩与解压

为了节省存储空间，可将文件进行压缩。压缩文件首先要安装好压缩软件，常用的压缩软件包括 WinRAR、WinZIP 等。具体操作时，选择要压缩的文件，鼠标右键点击文件在弹出的菜单上选中“添加到压缩文件”即可。同样，该操作也适用于文件夹的压缩。

为了使用文件，需要对已压缩的文件进行解压。具体操作上，选择被压缩的文件，鼠标右键点击文件，选择“解压文件”或“解压到当前文件夹”或“解压到……”均可完成解压任务，只是提醒最终解压出的文件保存的位置有所不同而已。

三、计算机网络基础知识及应用

（一）Internet 基本概念

Internet 是在 TCP/IP 协议基础上建立的国际互联网，换言之，它是由一些使用公用语言互相通信的计算机连接而成的全球网络。它将全世界不同国家、不同地区、不同部门和机构的不同类型的计算机网络互联在一起，形成一个世界范围的信息网络。

（二）Internet 接入方式

接入 Internet，首先要有一个互联网服务提供商（ISP）提供的各种 Internet 服务，同时计算机通过 ISP 提供的接入方式连接到 Internet。常见的 Internet 连接方式有以下几种。

1. 拨号上网

由于电话网非常普及，用户终端调制解调器（Modem）很便宜，而且不用申请就可开户，只要家里有计算机，把电话线接入 Modem 就可以直接上网。

2. 局域网上网

计算机接入 Internet 前，需要由局域网的网络管理员分配以下四项内容：固定的 IP 地址、网关地址、DNS 服务器的 IP 地址和子网掩码。通过设置计算机的网络“本地连接”属性，输入以上四组数据即可连接上网。若局域网采用动态 IP 地址则不用输入，连接入网后计算机系统自动检测 IP 地址及其他。

设置本地计算机的 IP 地址，具体操作可分解为如下步骤。

步骤 1：查看本地连接。选择“开始”→“控制面板”→“网络和共享中心”→“本地连接”命令（见图 7-5）。

图 7-5 本地连接界面

步骤 2：打开“IPV4”属性对话框(见图 7-6)。

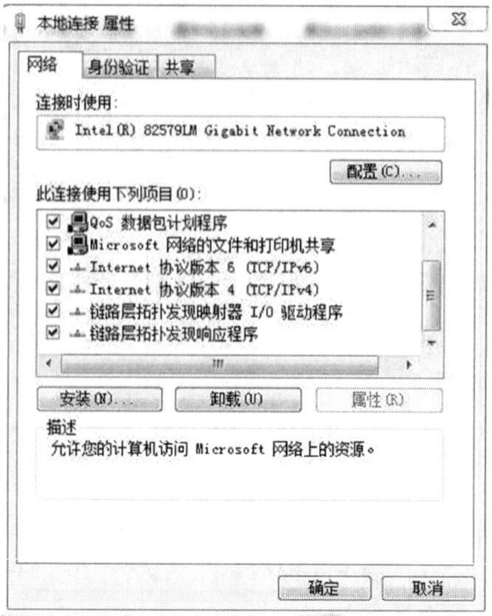

图 7-6　TCP/IP 界面

步骤 3：在图 7-7 界面，若局域网采用动态 IP 地址分配，则选择“自动获取 IP 地址”；若局域网采用固定 IP 地址分配，则选择“使用下面的 IP 地址”选项，并输入网络管理员提供的 IP 地址、子网掩码、默认网关、DNS 服务器的 IP 地址。

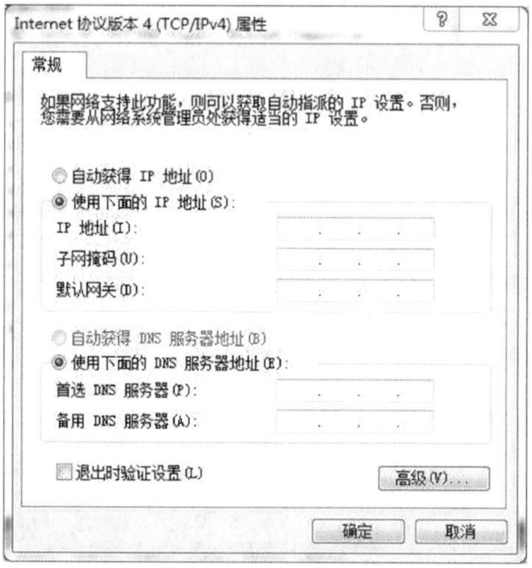

图 7-7　IP 设置界面

3. 专线上网

通过非对称数字用户环路(ADSL)连接到 Internet 是目前极具发展前景的一种接入技术。ADSL 素有“网络快车”之美誉,因其下行速率高、频带宽、性能好、安装方便等特点而受到广大用户的喜爱。

4. 无线上网

随着 Internet 及无线通信技术的迅速普及,使用手机、移动电脑等随时随地上网已经成为用户迫切的需求,随之而来的是各种无线通信线路上网技术的出现,如 GSM 接入技术、CDMA 接入技术、GPRS 接入技术、蓝牙技术、Wi-Fi 技术、3G 与 4G 通信技术等。

(三) Internet 应用

1. 万维网

万维网(World Wide Web,WWW)是 Internet 上集文本、声音、图像、视频等多媒体信息于一身的全球信息资源网络,是 Internet 上的重要组成部分。浏览器(Browser)是用户通向 WWW 的桥梁和获取 WWW 信息的窗口,通过浏览器,用户可以在浩瀚的 Internet 海洋中漫游,搜索和浏览自己感兴趣的所有信息。WWW 浏览器是一个客户端的程序,其主要功能是使用户获取 Internet 上的各种资源。

2. 电子邮件

电子邮件(Electronic Mail,E-mail)是 Internet 上使用最频繁、应用范围最广的一种服务。E-mail 是一种软件,它允许用户在 Internet 上的各主机间发送信息,也允许用户接收 Internet 上其他用户发来的消息(邮件),即利用 E-mail 可以实现信件的接收和发送。

用户要收发电子邮件,必须拥有一个电子邮件地址。用户的 E-mail 地址格式为:用户名@主机名。收发电子邮件必须有相应的软件支持。常用的收发电子邮件的软件有 Exchange、Outlook Express 等,这些软件提供邮件的接收、编辑、发送及管理功能。大多数 Internet 浏览器也都包含收发电子邮件的功能。

(1) 新建电子邮件。根据电子邮件的工作原理,电子邮件的接收和发送可分为两种:一是使用电子邮箱接收和发送电子邮件;二是使用客户端软件接收和发送电子邮件。这两种方式在编辑文本、添加附件等方面没有差异,二者的主要差别就在于登入和退出邮箱系统的方式不同。前者需要首先登入浏览器的网页页面输入邮箱名称,输入密码,随后进入邮箱,进行收发管理,后者需要下载电子邮件客户端,在客户端上进行相关操作。

这里主要介绍 Outlook Express 收发电子邮件的操作方式，这些操作方式在其他电子邮件软件及网页电子邮箱上也大都是通用的。

步骤 1：在 Outlook Express 主窗口中，单击工具栏中的“新邮件”按钮，或打开“文件”菜单选择“新建”中的“邮件”，即可显示出“新邮件”窗口。

步骤 2：打开“格式”菜单，选择“纯文本”则可建立一个纯文本的邮件；若在“格式”菜单中选择“多信息文本（HTML）（R）”则可建立一个文本具有格式信息的邮件。

步骤 3：在“新邮件”窗口中的“收件人”栏中输入收件人的 E-mail 地址或名称。若将邮件同时发给多人，各个 E-mail 地址或名称之间用分号“；”或逗号“，”隔开。

步骤 4：若发送邮件的同时，还要将邮件抄送给其他人，则在“抄送”栏中输入抄送人的 E-mail 地址或名称。若是多人，各个 E-mail 地址或名称之间用分号“；”或逗号“，”隔开。

步骤 5：在“主题”栏中输入邮件的主题。

步骤 6：在邮件的正文框中输入邮件正文，并可利用格式工具栏中的按钮，设置邮件中的字体和段落的格式（纯文本邮件无文本格式设置）。

（2）收发电子邮件。编辑完电子邮件的内容之后，单击新邮件窗口工具栏的“发送”按钮，或打开“文件”菜单选择“发送邮件”命令，即可将邮件发出。启动“Outlook Express”后，单击工具栏中的“发送/接收”按钮，可接收新的邮件。收到的邮件被保存在“收件箱”文件夹中以供用户阅读、保存、打印、复制及删除。

3. 利用搜索引擎访问网站或网页

搜索引擎，就是 Internet 上的一个网站，其主要任务是在 Internet 中根据用户输入的关键词主动找到相关网站并提供通向该网站的超链接。如下列几个比较常用的搜索引擎网站：百度、Google 等，并可下载网站或网页上的信息。

四、计算机病毒及其防治

（一）计算机病毒的概念

计算机病毒，是指编制或者在计算机程序中插入的破坏计算机功能或者破坏数据，影响计算机使用并且能够自我复制的一组计算机指令或者程序代码。计算机病毒一般具有隐蔽性、寄生性、传染性、破坏性、不可预见性等特征。

计算机感染病毒通常会有以下几种表现。

(1) 屏幕显示不正常。如出现异常图形、显示信息突然消失等。

(2) 系统运行不正常。主要表现为系统不能启动、运行速度减慢、频繁出现死机、电脑有怪声等。

(3) 磁盘存储不正常。如出现不正常的读写现象、系统不识别磁盘、空间异常减少等。

(4) 文件不正常。如文件长度出现丢失或者加长等。

(二) 计算机病毒的防治

传统意义上单一功能的病毒已经不断发展为以经济利益为驱动的一个混合体。它是包含了病毒、黑客攻击、间谍软件等多种危害于一身的网络威胁。因此,需要从各个角度去进行全面立体防范。

1. 使用杀毒软件

杀毒软件是用于消除电脑病毒、特洛伊木马和恶意软件,保护电脑安全的一类软件的总称。杀毒软件通常集成监控识别、病毒扫描、清除和自动升级等功能,部分杀毒软件还带有数据恢复等功能。对于普通用户而言,在计算机上安装杀毒软件是最方便而简单的防护方式。目前常用的杀毒防毒软件有卡巴斯基、金山毒霸、360 安全卫士、瑞星等。

2. 安装个人防火墙

防火墙主要控制主机与网络之间的访问,保护用户计算机不被入侵,也可以很大程度上保护用户个人信息不被泄露。在防止未知的网络攻击的威胁方面,个人防火墙具有良好表现,基本能应对黑客的网络攻击、“僵尸”攻击、恶意软件的端口攻击等。

3. 安装上网安全助手

对于个人用户而言,安装上网安全助手必不可少。这是因为当今网络中存在许多恶意软件和网页代码。这类威胁通常并不会影响你的计算机,而只是修改了你计算机的某些设置,从而推广那些软件和网站。

4. 培养用户个人的安全意识

用户个人应当养成良好的计算机使用习惯,例如:上互联网时,不要打开来历不明的电子邮件和不太了解的网站;不使用来历不明的软盘或光盘;从互联网下载的文件或软件要经杀毒处理后再打开或安装使用;对重要的数据要定期备份;使用杀毒软件等定期对电脑进行检测和维护等。

第二节　Word 文字编辑与排版

一、Word 2010 概述

Word 是 Microsoft 公司推出的 Windows 环境下的文字处理软件。经过不断的改进和完善，版本不断更新升级。其中，Word 2010 是目前功能较强大的文字处理软件之一，它具有强大的编辑排版功能和图文混排功能，可以方便地编辑文档，生成表格，插入图片、动画和声音等，实现“所见即所得”的效果，同时 Word 也拥有强大的网络功能。

（一）Word 2010 的启动与退出

1. *启动 Word 2010*

有两种方式启动，一是使用“开始”菜单中的“程序”启动 Word 2010；二是使用桌面上的 Word 2010 快捷方式启动。

2. *退出 Word 2010*

（1）单击标题栏右端的“关闭”按钮。

（2）单击菜单栏“文件\退出”命令。

（3）双击 Word 2010 标题栏左端的控制菜单图标。

（4）按组合键 Alt + F4。

注：若退出时，有未存盘的文档，会出现一个对话框，询问是否保存该文档，单击“是”保存，单击“否”不保存。

（二）Word 2010 的工作界面

在开始使用 Word 2010 进行文字处理之前，我们需要首先了解一下文档的窗口具有什么功能。当我们打开 Word 2010 中文版的时候，可以看到，Word 文档窗口是由[文件]选项卡、标题栏、功能区、快速访问工具栏、文档编辑区和状态栏等部分组成的（见图 7-8）。

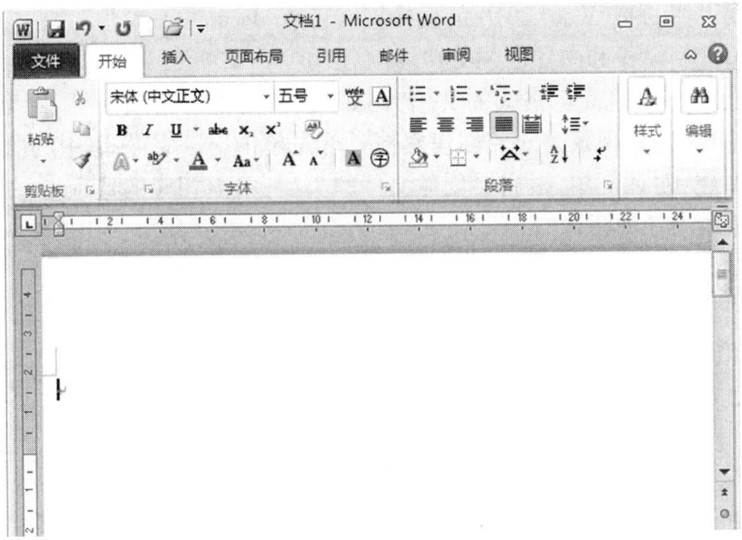

图 7-8 Word 2010 工作界面

（三）制作 Word 文档的工作流程

(1) 启动 Word 2010，创建一个新文档（或打开一个旧文档）。

(2) 设置纸张类型（系统默认的类型为 A4 纸）。

(3) 输入内容（包括文字、图片、表格等）。

(4) 编辑文档，如改正文档中错别字、调整文档内容等。

(5) 排版文档，如设置字符格式、段落格式、页面格式、图文混排等。

(6) 保存、预览和打印文档。

二、Word 文档编辑

（一）文档的基本操作

1. 建立文档

(1) 新建空白文档

方法一：常用工具栏“新建”按钮——“空白文档”。

方法二：“开始”——“所有程序”——“Microsoft Office Word 2010”。

方法三：在桌面空白处单击鼠标右键——“新建”——“Microsoft Office Word 文档”。

需要说明的是，Word 2010 的文件扩展名是. docx。

（2）使用模板和向导创建文档

如果需要创建特定格式的文档，例如简历、报告或新闻稿等，则可以利用 Word 2010 丰富的模板和向导创建文档。首先单击“文件”菜单中的“新建”命令，在“新建”对话框中，根据要创建文档的类型，单击相应的选项卡，然后双击所需模板或向导的图标。

2. 打开文档

使用“文件”菜单中的“打开”命令，或使用常用工具栏的“打开”按钮，或双击鼠标左键。

（二）文档输入与编辑

1. 文档输入

启动 Word 2010 后，就可以直接在空文档中输入文本。英文字符直接从键盘输入，中文字符的输入方法同 Windows 中的输入方法，中文和英文输入法的互换、不同中文输入法之间的转换，有如下几种方法。

方法 1：按 Ctrl + Shift 键，可完成输入法之间的依次切换。

方法 2：按 Ctrl + Space 键，可切换“中文/英文”输入模式。

方法 3：按 Shift + Space 键，可切换“全角/半角”输入模式。

当输入到行尾时，不要按 Enter 键，系统会自动换行。输入到段落结尾时，应按 Enter 键，表示段落结束。如果在某段落中需要强行换行，可以使用 Shift + Enter 快捷键。

需要特别注意的是，“插入”和“改写”是 Word 的两种编辑方式。“插入”是指将输入的文本添加到插入点所在位置，插入点以后的文本依次往后移动；“改写”是指输入的文本将替换插入点所在位置的文本。“插入”和“改写”两种编辑方式是可以转换的，其转换方法是按 Insert 键或用鼠标单击状态栏上的“插入”标志。通常系统默认的编辑状态为“插入”，“改写”标志为灰色；如果处于“改写”状态，“改写”标志就为黑色。

2. 选定文本

用户如果需要对某段文本进行移动、复制、删除等操作时，必须先选定文本，然后再进行相应的处理。当文本被选中后，所选文本呈反相显示。如果想要取消选择，将鼠标移至选定文本外的任何区域单击即可。选定文本有以下几种方式。

(1) 鼠标选定文本

将鼠标指针移到要选定文本的首部,按下鼠标左键并拖至所选文本的末端,然后松开鼠标。所选文本可以是一个字符、一个句子、一行文字、一个段落、多行文字,甚至是整篇文档。

选定一个句子:按住 Ctrl 键,然后在句子的任意地方单击。

选定一行文字:将鼠标移至该行的左侧,直到鼠标变成一个指向右边的箭头,然后单击。

选定一个段落:将鼠标移至该段落的左侧,直到鼠标变成一个指向右边的箭头,然后双击。

选定整篇文档:将鼠标移至任意文档正文的左侧,直到鼠标变成一个指向右边的箭头,然后三击。

(2) 用扩展功能键 F8(见表 7-1)

表 7-1 按 F8 的次数及其对应的功能

按 F8 的次数	作 用
1	进入扩展模式,然后使用方向键进行文本的选取
2	选取一个单词或汉字
3	选取一句
4	选取一段
5	选取一节(若文档未分节,则选取整篇文档)
6	选取(多节)整篇文档

3. 删除、复制和移动

(1) 删除

删除是将字符或图形从文档中去掉。删除插入点左侧的一个字符用 Backspace 键;删除插入点右侧的一个字符用 Delete 键。删除较多连续的字符或成段的文字时,可以用如下方法。

方法 1:选定要删除的文本块后,按 Delete 键。

方法 2:选定要删除的文本块后,选择“编辑”菜单中的“剪切”命令。

方法 3:选定要删除的文本块后,单击“常用”工具栏上的“剪切”按钮。

删除和剪切操作都能将选定的文本从文档中去掉,二者的区别是:使用剪切操作时删除的内容会保存到“剪贴板”上;使用删除操作时删除的内容则不会保存到“剪贴板”上。

（2）复制

在编辑过程中，当文档出现重复内容或段落时，使用复制命令进行编辑是提高工作效率的有效方法，操作步骤如下。

第一步，选定要复制的文本块。

第二步，单击常用工具栏上的“复制”按钮或执行“编辑”菜单中的“复制”命令，此时选定的文本块被放入剪贴板中。

第三步，将插入点移到新位置，单击常用工具栏上的“粘贴”按钮或执行“编辑”菜单中的“粘贴”命令，此时剪贴板中的内容复制到新位置。

第四步，如果要进行多次复制，只需重复第三步。

复制文本块的另一种方法是使用键盘操作：首先选定要复制的文本块，按下 Ctrl 键，用鼠标拖曳选定的文本块到新位置，同时放开 Ctrl 键和鼠标左键。使用这种方法，复制的文本块不被放入剪贴板中。

（3）移动

移动是将字符或图形从原来的位置删除，插入到另一个新位置。移动文本操作步骤如下：首先要把鼠标指针移到选定的文本块中，按下鼠标的左键将文本拖至新位置，然后放开鼠标左键。这种操作方法适合较短距离的移动，如移动的范围在一屏之内。

文本远距离的移动可以使用“剪切”和“粘贴”命令来完成，具体步骤如下。

第一步，选定要移动的文本。

第二步，单击工具栏上的“剪切”按钮。

第三步，将插入点移到要插入的新位置。

第四步，单击工具栏上的“粘贴”按钮。

当然，也可以使用菜单或快捷键来完成该操作。剪切命令的快捷键为 Ctrl + X，复制命令的快捷键为 Ctrl + C，粘贴命令的快捷键为 Ctrl + V。在具体操作时可以使用命令的快捷键代替菜单命令和工具栏按钮的使用。

4. 查找和替换

使用 Word 2010 的查找和替换功能，不仅可以查找和替换字符，还可以查找和替换字符格式（如查找或替换字体、字号、字体颜色等格式），操作步骤如下。

第一步，打开 Word 2010 文档窗口，在“开始”功能区的“编辑”分组中依次单击“查找”→“高级查找”按钮。

第二步，在打开的“查找和替换”对话框中单击“更多”按钮，以显示更多的查找选项。

第三步，在“查找内容”编辑框中单击鼠标左键，使光标位于编辑框中。然后单击“查找”区域的“格式”按钮。

第四步，如果要替换内容，在“查找和替换”对话框中选择替换选项卡，输入要替换掉的内容，即查找的内容，然后再输入要替换成的内容，如果要全部替换，就点击全部替换。

三、Word 文档排版

（一）字符排版

字符排版是对字符的字体、大小、颜色、显示效果等格式进行设置。通常使用“格式”工具栏按钮完成一般的字符排版，对格式要求较高的文档，则使用“格式”菜单进行设置。

1. 使用工具栏按钮设置格式

对字符进行格式设置时，必须先选择操作对象。对象可以是几个字符、一句话、一段文字或整篇文章。

(1) 设置字体

字体，是文字的一种书写风格。常用的中文字体有宋体、楷体、黑体、隶书等，在书籍、报刊的排版上，人们已形成了一种规范，如书的正文用宋体，显得正规；一些标题用黑体，起到强调作用；在一段文字中使用不同的字体是为了表示区分、强调。

选定要设置或改变字体的字符，单击“格式”工具栏的“字体”下拉按钮，从列表中选择所需的字体类型。

(2)设置字号

汉字的大小用字号表示，字号从初号、小初号，直到八号，对应的文字越来越小。一般书籍、报刊的正文为五号字。英文的大小用“磅”的数值表示，1 磅等于 1/12 英寸。数值越小，表示的英文字符越小。选定要设置或改变字号的字符，单击“格式”工具栏的“字号”下拉按钮，从列表中选择需要的字号类型。

(3)设置字符的其他格式

利用“格式”工具栏还可以设置字符的“加粗”“斜体”“下划线”“字符底纹”“字符边框”“字符缩放”等格式。其中，“下划线”“字符缩放”具有下拉框，可以从中选择一项。

2. 使用菜单设置字符格式

选定要进行格式设置的字符，单击“格式”菜单，选择“字体”命令，出现“字体”对话框，如图 7-9 所示。在“字体”对话框中有三个选项卡：“字体”“字符间距”和“文字效果”。

“字体”选项卡中的“中文字体”和“西文字体”分别用来对中、英文字符设置字体；“字号”用来设置字符大小；“下划线”给选定的字符添加各种下划线；“字体颜色”为选定的字符设置不同的颜色；“效果”给选定的字符设置特殊的显示效果；“预览”窗口可以随时观察设置后的字符效果；“默认”按钮是将当前的设定值作为默认值保存。

“字符间距”选项卡中的“缩放”是指字符在屏幕上显示的大小与真实大小之间的比例；“间距”是指字符间的距离；“位置”是指字符相对于基准线的位置。

“字体效果”选项卡用来设置字符的动态效果。字体效果是 Word 提供的一种文字修饰方法，它主要是为了在 Web 版式或用计算机演示文档时增加文档的动感和美感。字符的动态效果无法打印出来。

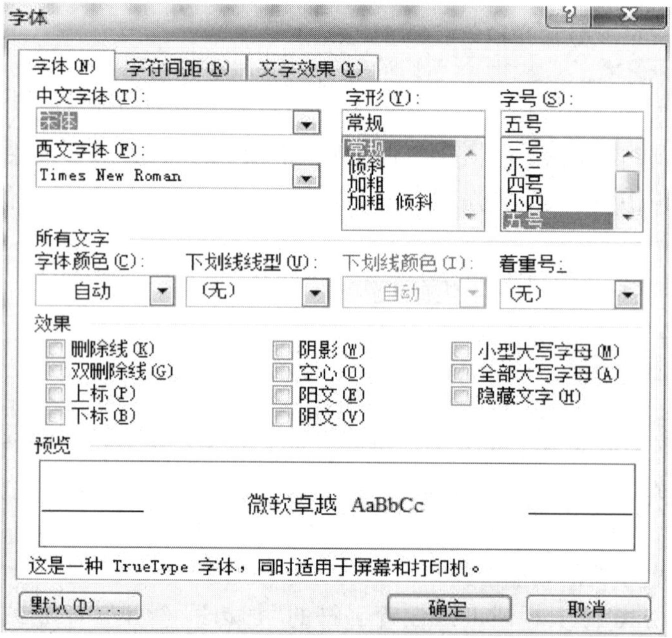

图 7-9　设置字符格式的界面

（二）段落排版

在 Word 中，段落是指以段落标记作为结束符的文字、图形或其他对象的集合。Word 在输入回车键的地方插入一个段落标记，可以通过常用工具栏上的“显示/隐藏”按钮查看段落标记。如果删除了段落标记，该段的内容将成为其后段落的一部分，并采用下一段文本的格式。段落排版主要包括段落对齐，段落缩进，行距、段间距、段落的修饰等。

1. 段落对齐

在 Word 中，段落的对齐方式包括两端对齐、居中对齐、右对齐、分散对齐。两端对齐是 Word 的默认设置，也是一种最常用的对齐方式；居中对齐常用于文章的标题、页眉、诗歌等的格式设置；右对齐适合于书信、通知等文稿落款、日期的格式设置。段落对齐方式的设置方法为：选定要进行设置的段落（可以多段），单击“格式”工具栏上的相应按钮。

2. 段落缩进

段落缩进是指文本与页边距之间的距离。段落缩进包括左缩进、右缩进、首行缩进、悬挂缩进。用水平标尺设置左、右缩进的步骤如下。

（1）将光标移到需要设置缩进的段落中。

（2）如果看不到水平标尺，可单击“视图”菜单中的“标尺”命令。

（3）拖动水平标尺左端的“首行缩进”标记，可改变文本第一行的左缩进。

拖动“左缩进”标记，可改变文本第二行的缩进。

拖动“左缩进”标记下的方框，可改变该段中所有文本的左缩进。

拖动“右缩进”标记，可改变所有文本的右缩进。

3. 段落间距设置

设置段落间距以便使 Word 文档排版更加美观，具体操作如下。

（1）选中需要设置的段落。

（2）打开“格式”菜单，选择“段落”命令，打开“段落”对话框（见图 7-10）。

（3）单击“缩进和间距”选项卡，在“间距”选项的“段前”和“段后”框中键入所需间距值，可调节段前和段后的间距；在“行距”框中选择所需间距值可修改段落内各行之间的距离。

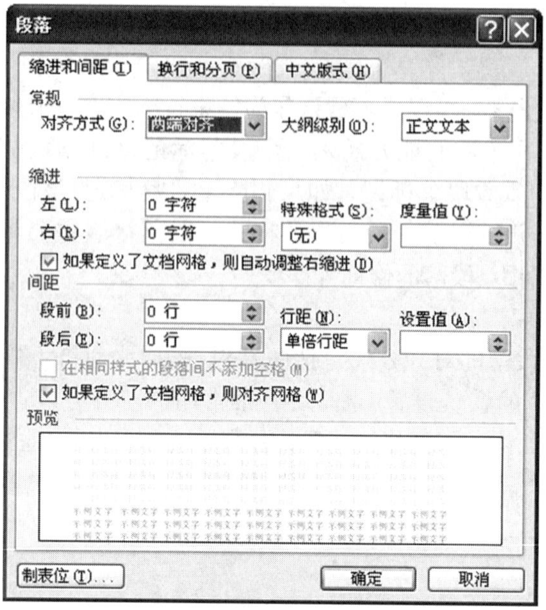

图 7-10　设置段落格式对话框界面

（三）页面排版

一篇文档在准备打印之前通常需要进行页面设置。在快速访问工具栏上单击“页面布局”，选择“页面设置”命令，弹出“页面设置”对话框。

1. 设置页边距

页边距指正文与纸张边缘的距离。在“页面设置”对话框中单击“页边距”选项卡，在相应的框中输入数值即可，通常包括上、下、左、右四个页面距的设置。

2. 设置纸张大小

通常系统默认的是 A4 纸，如果有特殊需要，也可设置 16 开、8 开、自定义纸张大小等。

3. 设置纸张方向

通常系统默认的是纵向方向，如果在特殊情况下，如表格较宽的情况下为了使信息在一个页面完整地显示出来，也可选择横向纸张方向。

4. 分栏设置

系统默认为一栏，如果为了某种特殊目的，需要把一栏变成两栏或者多栏

时,操作如下:

(1) 选中需要设置的段落。

(2) 在快速访问工具栏上单击“页面布局”,选择“分栏”命令,出现对话窗后进行对应选择操作。

四、Word 的打印与保存

(一) 打印

在打印文档之前,最好先预览一下,确认文档中的修订、批注等内容是否也要打印。打印前还需要进行有关的设置。在 Word 中打印设置方法如下。

1. 单击“文件”菜单中的“打印”命令,弹出“打印”对话框(见图 7-11)。

2. 在打印机“名称”框中选择用于打印操作的打印机名称。

3. 在“页面范围”下指定文档需打印的部分,页面范围分为全部、当前页、页码范围。

4. 在“副本”框内指定打印的“份数”及是否“逐份打印”。

5. 单击“确认”按钮后,打印机便按设置的值开始打印。

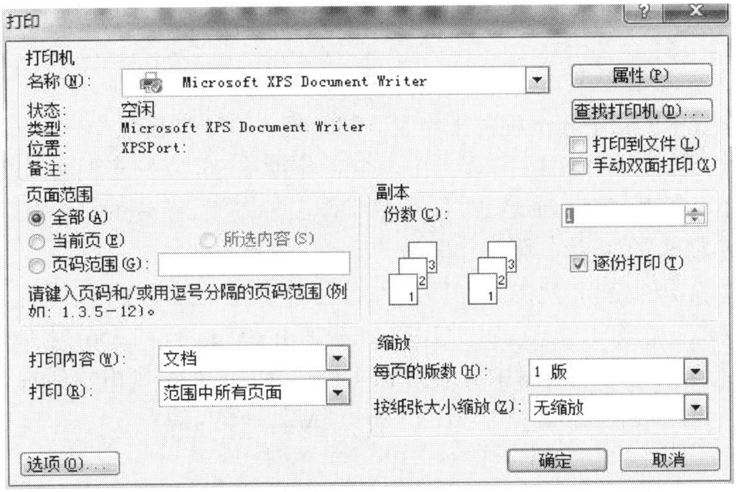

图 7-11 打印界面

需要说明的是,如果需要满足特殊的打印要求,如文档缩放打印、省墨打印、双面打印等,可先在打印界面上选中“属性”,然后进行相应操作设置。

（二）保存

保存文档主要有如下两种方式。

方法一：在文件菜单下点击“另存为”按钮，在弹出的对话框中选择保存的路径，修改文件名后点击“保存”按钮即可。

方法二：直接按快捷键 Ctrl + S，选择保存的路径，修改文件名后点击“保存”按钮即可。

第三节　Excel 数据统计与分析

一、Excel 2010 概述

（一）Excel 2010 的基本概念

1. 工作簿

工作簿是指在 Excel 中用来保存并处理工作数据的文件，它的扩展名是.xls。简言之，一个 Excel 文件就是一个工作簿，Excel 2010 的文件扩展名是.xlsx。

2. 工作表

工作簿中的每一张表称为工作表。如果把一个工作簿比作一个账本，一张工作表就相当于账本中的一页。在一个工作簿中，可以最多拥有 255 个工作表。每张工作表都有一个名称，显示在工作表标签上，新建的第一张工作表默认的标签为 Sheet 1，第二张工作表为 Sheet 2，依此类推。

需要说明的是，新建的工作簿文件会同时新建 3 张空工作表，用户可以根据需要增加或删除工作表。每张工作表都是由 65536 行和 256 列所构成的一个表格，行号的编号在屏幕中自上而下从 1 到 65536，列号则由左到右采用字母“A”，“B”，……，“Z”，“AA”，“AB”，……，“AZ”等作为编号。

3. 单元格

工作表中的每个格子称为单元格，单元格是工作表的最小单位，也是 Excel 用于保存数据的最小单位。单元格中输入的各种数据，可以是一组数字、一个字符串、一个公式，也可以是一个图形或一个声音等。

（二）Excel 2010 的工作界面

1. 快速访问工具栏

该工具栏位于工作界面的左上角，包含一组用户使用频率较高的工具，如“保存”“撤销”和“恢复”。用户可单击快速访问工具栏右侧的倒三角按钮，在展开的列表中选择要在其中显示或隐藏的工具按钮。

2. 功能区

位于标题栏的下方，是一个由九个选项卡组成的区域。Excel 2010 将用于处理数据的所有命令组织在不同的选项卡中。单击不同的选项卡标签，可切换功能区中显示的工具命令。在每一个选项卡中，命令又被分类放置在不同的组中。组的右下角通常都会有一个对话框启动器按钮，用于打开与该组命令相关的对话框，以便用户对要进行的操作做更进一步的设置。

3. 编辑栏

编辑栏主要用于输入和修改活动单元格中的数据。当在工作表的某个单元格中输入数据时，编辑栏会同步显示输入的内容。

4. 工作表编辑区

用于显示或编辑工作表中的数据。

5. 工作表标签

位于工作簿窗口的左下角，默认名称为 Sheet 1，Sheet 2，Sheet 3……，单击不同的工作表标签可在工作表间进行切换。

Excel 2010 的工作界面见图 7-12。

图 7-12　Excel 2010 工作界面

二、Excel 表格的基本操作

（一）数据输入

在工作表中输入数据有许多方法，可以通过手工单个输入，也可以利用 Excel 2010 的功能在单元格中自动填充数据或在多张工作表中输入相同数据，如在相关的单元格或区域之间建立公式或引用函数。当一个单元格的内容输入完毕后，可用方向键、回车键或者 Tab 键使相邻的单元格成为活动单元格。

1. 单元格区域的选定

在输入和编辑单元格内容之前，必须先选定单元格，选定的单元格称为活动单元格。当一个单元格成为活动单元格时，它的边框变成黑线，其行、列号会突出显示，用户可以看到其坐标，单元格右下角的小黑块称作填充柄，将鼠标指向填充柄时，鼠标的形状变为黑十字。选定单元格、区域、行或列的操作见表 7-2。

表 7-2　选定单元格、区域、行或列的操作

选定内容	操　作
单个单元格	单击相应的单元格，或用方向键移动到相应的单元格
连续单元格区域	左键按住 + 拖动/单击首单元格 +（Shift + 末单元格）
不连续单元格区域	单击首单元格 +（Ctrl + 其他单元格）
整行与整列	单击行标/列标（连续：拖动、Shift ｜ 不连续：Ctrl）

2. 数据类型

在 Excel 中，可以为单元格输入两种类型的数据：常量和公式。常量是指没有以“ = ”开头的单元格数值，包括数字、文字、日期、时间等。数字只能用下列字符：0 至 9 共十个数字及“ + 、- 、* 、/ ”等。公式必须以“ = ”开头。

需要说明的是，为避免将输入的分数当作日期，应将单元格格式设置为“分数”。日期和时间在 Excel 中被视为数字来处理，日期可用“/”或“ - ”分隔年、月、日，如 1999/08/27。

（1）数字——可进行数学计算【默认右对齐】。

——数值（整数、小数、分数）。

——日期、时间。

(2) 文本——说明数据的含义,不进行数学计算【默认左对齐】。

——中文汉字、字母。

——数字和文本或符号的组合。

(3) 逻辑值——TRUE、FALSE。

3. 输入数据

手动输入数据的步骤如下。

(1) 选中需要输入数据的单元格使其成为活动单元格。

(2) 输入数据并按 Enter 键或 Tab 键。

(3) 重复步骤(2)直至输入完所有数据。

Excel 的自动填充数据功能为输入数据序列提供极大的便利。通过拖动单元格填充柄填充数据,可将选定单元格中的内容复制到同行或同列中的其他单元格;也可以通过“编辑”菜单上的“填充”命令按照指定的“序列”自动填充数据。自动填充数据有以下几种方式。

(1) 填充相同的数据

方法一:选定同一行(列)上包含复制数据的单元格或单元格区域,然后选择“粘贴”。

方法二:将鼠标指针移到单元格或单元格区域填充柄上,将填充柄向需要填充数据的单元格方向拖动,然后松开鼠标,复制来的数据将填充在单元格或单元格区域里。

(2) 按序列填充数据

通过拖动单元格区域填充柄填充数据,Excel 还能预测填充趋势,然后按预测趋势自动填充数据。例如,要建立学生登记表,在 A 列相邻两个单元格 A2、A3 中分别输入学号 9913001 和 9913002,选中 A2、A3 单元格区域往下拖动填充柄时,Excel 在预测时认为它满足等差数列,因此,会在下面的单元格中依次填充 9913003、9913004 等值。

在填充时还可以精确地指定填充的序列类型,方法是:先选定序列的初始值,然后按住鼠标右键拖动填充柄,在松开鼠标按键后,会弹出快捷菜单,快捷菜单上有“复制单元格”“以序列方式填充”“仅填充格式”“不带格式填充”,选择相应的操作即可。

(二)编辑单元格

编辑单元格包括对单元格及单元格内数据的操作。其中,对单元格的操作包括移动和复制单元格、选择性粘贴、插入单元格、插入行、插入列、删除单元格、删除行、删除列等；对单元格内数据的操作包括复制和删除单元格数据，清除单元格内容、格式等。

1. 移动和复制单元格

移动和复制单元格的操作步骤如下。

（1）选定需要移动和复制的单元格。

（2）将鼠标指向选定区域的选定框，此时鼠标形状为箭头。

（3）如果要移动选定的单元格，则用鼠标将选定区域拖到粘贴区域，然后松开鼠标，Excel 将以选定区域替换粘贴区域中的现有数据。如果要复制单元格，则需要按住 Ctrl 键，再拖动鼠标进行随后的操作。如果要在已有单元格间插入单元格，则需要按住 Shift 键；复制时需要按住 Shift + Ctrl 键，再进行拖动，在这里要注意的是，必须先释放鼠标再松开按键。如果要将选定区域拖动到其他工作表上，应按住 Alt 键，然后拖动到目标工作表标签上。

2. 选择性粘贴

除了复制整个单元格外，Excel 还可以选择单元格中的特定内容进行复制，步骤如下。

（1）选定需要复制的单元格。

（2）单击常用工具栏上的“复制”按钮。

（3）选定粘贴区域的左上角单元格。

（4）执行“编辑”菜单上的“选择性粘贴”命令。

（5）单击“粘贴”选项区中所需选项，再单击“确定”按钮。

3. 插入单元格、行或列

插入单元格：利用“插入”菜单上的“单元格”命令可以插入空单元格，具体操作如下。

（1）在需要插入空单元格处选定相应的单元格区域，选定的单元格数量应与待插入的空单元格的数量相等。

（2）在“插入”菜单上单击“单元格”命令，出现插入的对话框。

（3）在对话框中选定相应的“插入”方式选项。

（4）单击“确定”按钮。

插入行：“插入”菜单上单击“行”命令可以插入新行，步骤如下。

（1）如果需要插入一行，则单击需要插入的新行之下相邻行中的任意单元格；如果要插入多行，则选定需要插入的新行之下相邻的若干行，选定的行数应与待插入空行的数量相等。

（2）在“插入”菜单上单击“行”命令。

可以用类似的方法在表格中插入列，方法是：如果要插入一列，则单击需要插入的新列右侧相邻列中的任意单元格；如果要插入多列，则选定需要插入的新列右侧相邻的若干列，选定的列数应与待插入的新列数量相等。

4. 删除、清除单元格、行或列

删除单元格、行或列，是指将选定的单元格从工作表中移走，并自动调整周围的单元格填补删除后的空格，操作步骤如下。

（1）选定需要删除的单元格、行或列。

（2）执行“编辑”菜单上的“删除”命令即可。

清除单元格、行或列，是指将选定的单元格中的内容、格式或批注等从工作表中删除，单元格仍保留在工作表中，操作步骤如下。

（1）选定需要清除的单元格、行或列。

（2）选中“编辑”菜单上的“清除”命令，即出现一个清除级联菜单，在菜单中选择相应命令执行即可。

5. 对单元格中数据进行编辑

首先使需要编辑的单元格成为活动单元格，如果重新输入内容，则直接输入新内容；若只是修改部分内容，按 F2 功能键或用鼠标双击活动单元格，用→、←或 Delete 等键对数据进行编辑，按 Enter 键或 Tab 键表示编辑结束。

（三）工作表的操作

1. 工作表的添加

在已存在的工作簿中可以添加新的工作表，添加方法有两种。

方法 1：单击“插入”菜单，选择“工作表”菜单项命令，Excel 2010 将在当前工作表前添加一个新的工作表。

方法 2：在工作表标签栏中，用鼠标右键单击工作表名字，出现一个弹出式菜单，选择“插入”菜单项，就可在当前工作表前插入一个新的工作表。

2. 工作表的删除

用户可以在工作簿中删除不需要的工作表，工作表的删除一般也有两种方法。

方法 1：单击“编辑”菜单，在下拉菜单中选择“删除工作表”命令，Excel 2010 会弹出一个对话框。在对话框中单击“确定”按钮，将删除工作表；如果单击“取消”按钮，将取消删除工作表的操作。

方法 2：在工作表标签栏中，用鼠标右键单击工作表名字，出现一个弹出式菜单，再选择“删除”菜单项，就可将当前工作表删除。

3. 工作表的重命名

工作表的初始名称为 Sheet 1，Sheet 2……，为了方便工作，用户须将工作表命名为自己易记的名字，因此，需要对工作表重命名。重命名的方法如下所示。

方法 1：单击“格式”菜单，选择“工作表”菜单项命令，出现重命名级联菜单，单击“重命名”选项，工作表标签栏的当前工作表名称将会反向显示，即可修改工作表的名字。

方法 2：在工作表标签栏中，用鼠标右键单击工作表名字，出现弹出式菜单，选择“重命名”菜单项，工作表名字反向显示后就可将当前工作表重命名。

方法 3：双击需要重命名的工作表标签，键入新的名称覆盖原有名称。

三、Excel 的数据管理

（一）工作表中数据的格式化

Excel 2010 为用户提供了丰富的数据格式，它们包括常规、数值、货币、会计专用、日期、时间、百分比、分数、科学记数、文字和特殊等。此外，用户还可以自定义数据格式，使工作表中的内容更加丰富。

在上述数据格式中，数值格式可以选择小数点的位数；会计专用可对一列数值设置所用的货币符号和小数点对齐方式；自定义则提供了多种数据格式，用户可以通过“格式选项”框（见图 7-13）选择定义，而每一种选择都可通过系统即时提供的说明和实例来了解。

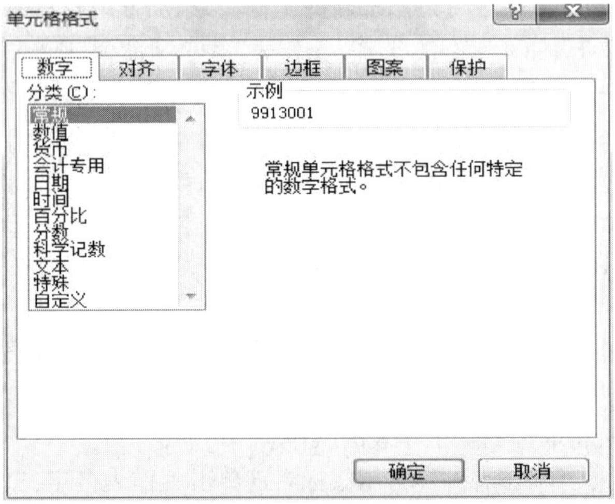

图 7-13　数据格式化界面

（二）单元格内容的对齐

Excel 2010 中设置了默认的数据对齐方式，在新建的工作表中进行数据输入时，文本自动左对齐，数字自动右对齐。单元格的内容在水平和垂直方向都可以选择不同的对齐方向，Excel 2010 还为用户提供了单元格内容的缩进及旋转等功能。

（三）表格内容字体的设置

为了使表格的内容更加醒目，可以对一张工作表的各部分内容的字体做不同的设定。方法是：先选定要设置字体的单元格或区域，然后在“单元格格式”对话框中打开“字体”选项卡，该选项卡同 Word 的字体设置选项卡类似，再根据报表要求进行各项设置，设置完毕后按“确定”按钮。

（四）自动套用格式

自动套用格式是指内置的表格方案，在方案中已经对表格中的各个组成部分定义了特定的格式。

自动套用格式使用方法如下：

步骤 1：选择要格式化的单元格区域。

步骤 2：在“格式”菜单中单击“自动套用格式”命令，出现如下对话框（见图 7-14）。

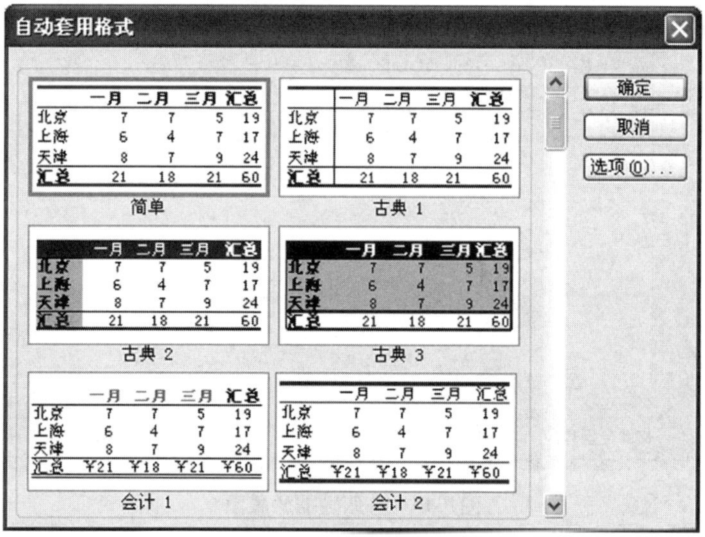

图 7-14　表格自动套用界面

步骤3：单击选择一种所需要的套用格式。如果不需要自动套用格式中的某些格式，单击“选项”按钮打开“自动套用格式”选项设置对话框，单击“应用格式种类”栏中的复选框可以清除不需要的格式类型。

步骤4：单击“确定”按钮。

四、Excel 数据的分析方法

（一）数据导入

在 Excel 2010 中，获取数据的方式有很多种，除了前面所讲的直接输入方式外，还可以通过导入方式获取外部数据。Excel 2010 能够访问的外部数据库有 Access、Foxbase、Foxpro、Oracle、Paradox、SQL Server、文本数据库等。无论是导入的外部数据库，还是在 Excel 2010 中建立的数据库，都是按行和列组织起来的信息集合，每行称为一个记录，每列称为一个字段，可以利用 Excel 提供的数据库工具对这些数据库的记录进行查询、排序、汇总等工作。

下面介绍如何获取外部数据。

1. 激活“数据”菜单，选择“导入外部数据”命令，单击“导入数据”下一级菜单命令，就会出现如下对话框（见图 7-15）。

图 7-15　选取数据源界面

2. 在“数据库”选项卡中选择一种数据库，或在“我的数据源”中点击下拉按钮，选择数据来源，按“确定”按钮，确定要导入的数据库文件所在的驱动器名、目录名、数据库文件名，按“确定”按钮即可将所选中的数据库文件中的记录导入到 Excel 工作表中。

（二）数据排序

Excel 2010 数据的排序功能可以使用户非常容易地对记录进行排序，用户只要分别指定关键字及升降序，就可完成排序的操作。

排序的方法为：单击数据区任一单元格，激活“数据”菜单，单击“排序”命令，出现排序的对话框，可以看到该对话框中排序方向默认为“递增”。

可以根据数据清单中的数值对数据清单的行、列数据进行排序。排序时，Excel 将利用指定的排序重新排列行、列或单元格，还可以利用设置排序选项对月份、星期等进行排序。排序时的顺序依据首先是“主要关键字”，然后是“次要关键字”，最后是“第三关键字”。

（三）数据筛选

对数据进行筛选，就是在数据库中查询满足特定条件的记录，它是一种用于查找数据清单中的数据的快速方法。使用“筛选”可在数据清单中显示满足条件的数据行。对记录进行筛选有两种方式，一种是“自动筛选”，一种是“高级筛选”。

1. 自动筛选

使用自动筛选功能，一次只能对工作表中的一个数据清单使用筛选命令，对同一列数据最多可以应用两个条件，操作步骤如下。

（1）单击工作表中数据区域的任一单元格。

（2）激活“数据”菜单，选择“筛选”命令项，再选取“自动筛选”命令，这时在每个字段上会出现一个筛选按钮，点击下拉按钮。

（3）如果要只显示含有特定值的数据行，可单击含有待显示数据的数据列上端的下拉箭头筛选按钮，然后选择所需要的内容或分类。

（4）如果要使用基于另一列中数值的附加条件，可以在另一列中重复步骤(3)。

2. 高级筛选

使用自动筛选，可以在数据库表格中筛选出符合特定条件的值。但有时所设的条件较多，再用自动筛选就有些麻烦，这时，就可以使用高级筛选来筛选数据。使用高级筛选，应在工作表的数据清单上方先建立至少有三个能被用作条件区域的空行，且数据清单必须有列标志。

单击“数据”菜单，选择“筛选”命令项，单击“高级筛选”命令项，屏幕会出现高级筛选对话框。将“数据区域”和“条件区域”分别选定，再按“确定”按钮，就会在原数据区域显示出符合条件的记录。如果想保留原始的数据列表，需要将符合条件的记录复制到其他位置，在高级筛选对话框的“方式”选项中选择“将筛选结果复制到其他位置”，并在“复制到”框中输入欲复制的位置。

（四）分类汇总

Excel 2010 具备很强大的分类汇总功能，使用分类汇总工具，可以分类求和、求平均值等。当然，也可以很方便地移去分类汇总的结果，恢复数据表格的原形，具体步骤如下。

1. 确定分类字段，并以此对数据表格进行排序。

2. 单击“数据”菜单项，选择“分类汇总”命令，屏幕出现如图 7-16 的对话框，首先选定分类字段，然后选定汇总方式，最后选定汇总项（内容），同时选定“汇总结果显示在数据下方”。

3. 如果用户要回到未分类汇总前的状态，只需在图 7-16 所示的对话框中单击“全部删除”按钮，屏幕就会回到未分类汇总前的状态。

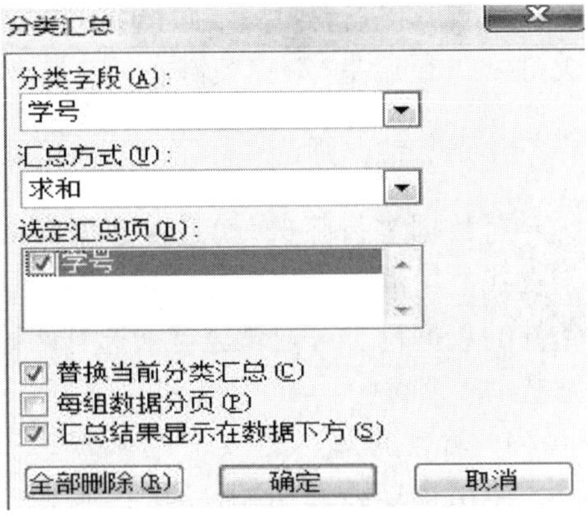

图 7-16　分类汇总界面

（五）数据图表

图表是 Excel 最常用的对象之一，Excel 的图表分嵌入式图表和工作表图表两种。嵌入式图表是置于工作表中的图表对象，保存工作簿时该图表随工作表一起保存。工作表图表是工作簿中只包含图表的工作表。若在工作表数据附近插入图表，应创建嵌入式图表，若在工作簿的其他工作表上插入图表，应创建工作表图表。无论哪种图表都随着创建它们的工作表数据的改变而改变。

1. 创建图表

方法：使用图表向导绘制图表。

步骤 1：单击“插入”菜单，选择“图表”选项，或单击工具栏中的“图表”按钮，就可启动图表向导，见图 7-17。

图 7-17 图表向导界面

步骤 2：选择图表类型。

步骤 3：选择图表数据源。在“数据区”选项卡的“数据区域”编辑框中输入图表数据源的单元格区域，或直接用鼠标在工作表中选取数据区域。

2. 图表的编辑与格式化

图表的编辑与格式化是指按用户的要求对图表内容、图表格式、图表布局和外观进行编辑和设置的操作，使图表的显示效果满足用户的需求。图表的编辑与格式化大都是针对图表的某项或某些项进行的，图表项特点直接影响到图表的整体风格。

对图表进行编辑与格式化，必须从工作表切换到图表，即启动图表。嵌入式图表的启动只需在图表区任意处双击鼠标左键即可；工作表图表的启动只需单击图表工作表标签，启动图表以后就可以更改其中的图表项。

【思考题】

1. 一个完整的计算机系统通常由哪几部分组成？
2. 如何在计算机中创建“D：\D1\D11\学员姓名.docx”这样的文档？
3. 什么是计算机病毒？如何防治计算机病毒？

（詹长春）

第八章
管理沟通

【阅读提示】

通过本章的学习，掌握沟通的内涵，了解沟通的过程、作用和类别。掌握有效沟通的障碍因素，熟悉沟通障碍的克服。了解同事关系，掌握与同事沟通的原则，熟悉同事矛盾产生的原因和化解办法。了解工作汇报的方式和技巧，掌握向上司提建议的方法。了解服务对象抱怨时的心理，熟悉处理服务对象抱怨的基本原则。

第一节　沟通概述

一、沟通的内涵

沟通是指可理解的信息或思想在两个或两个以上人或人群中的传递或交换的过程，简单地说，沟通就是信息传递或交换的过程。整个管理工作都与沟通有关，沟通是个人与个人、个人与群体、群体与群体之间信息联通的方式。

这个过程主要涉及两个方面：沟通主体和沟通客体。沟通主体是指信息的发送者和接收者，沟通客体是指发送的信息。

沟通的内涵主要体现在以下几个方面。

1. 沟通是信息的传递与反馈

沟通是有来有往的过程，没有信息的来往，就没有沟通。信息的沟通主体，即信息的发送者和接收者可以是一个人，也可以是一群人。

2. 信息的准确传递和理解是成功沟通的关键

有效的沟通，不仅要传递信息，而且使信息被准确理解，使信息接收者完全明白信息传递者的观点，尽管对方不一定赞同。因此，信息的传递者要非常清楚信息传递的最终目的和信息接收者的接受能力，然后根据最终目的，确定向谁传递信息、如何传递信息。

3. 有效的沟通是双向动态反馈的过程

有效的沟通必须是有回应的沟通,即使回应仅仅是一个眼神、一个动作,那也是一次有效的沟通。

二、沟通的过程

沟通过程中至少存在着一个信息发送者和一个信息接收者,即发出信息的一方和接收信息的一方。这个过程包括发送者将需要传送的信息翻译成可理解的符号,然后传送给接收者;接收者接收传递来的符号,然后进行翻译理解,整个过程可以是互动循环的。在信息传递的每一个环节都有可能受到干扰,这些干扰被视为噪音。有互动的沟通过程(见图 8-1)一般包括以下八个环节。

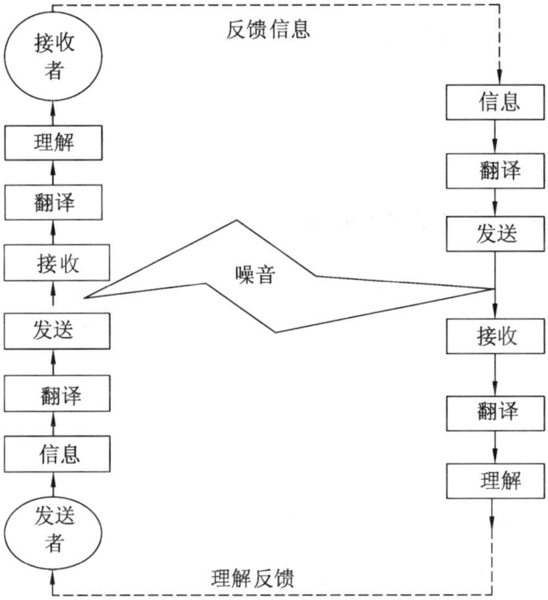

图 8-1 沟通过程

(1) 确定需要沟通的信息。发送者需要确定沟通的对象和沟通的目的,然后选择沟通的内容,即选择需要传递的信息。

(2) 翻译,又称编码。是指发送者将信息转变为接收者可以理解的一系列符号的过程。它可以是一份文件、一个报告、一张图片、一段视频,或者是一场讲座等。

（3）发送编码。发送者将编译好的一系列符号发送给接收者。由于发送的符号不同，传递的方式也不同。

（4）接收编码。接收者接收符号（编码）。接收者根据发送来的符号的传递方式决定接收方式。如发送的信息是口头传递的，接收者就要认真听；发送的信息是图片等，接收者就得认真看。

（5）翻译编码。接收者将接收的符号译成有特定含义的信息。由于发送者译成符号和传递信息的能力不同，接收者接收和翻译信息的能力也不同，因此对所传递信息的理解就不同。信息被曲解的情况时有发生。

（6）理解编码。接收者理解翻译后的信息。

（7）反馈信息。接收者将对信息的反应反馈给发送者。

（8）理解反馈。发送者通过接收者反馈的信息判断所传递的信息是否被准确理解。一般来说，沟通过程中经常有干扰信息传递的因素产生，使得沟通的效率和准确度大为降低。因此，发送者了解信息被理解的情况是十分必要的。

三、沟通的作用

（一）沟通是有效开展工作的基础和前提

管理活动无论是计划、决策，还是领导、激励和控制，都需要组织内外的各种相关信息，都必须以充分沟通为前提。所有这些活动的基础无外乎是信息的交流，而信息的交流过程本质上就是沟通过程。缺乏沟通，人与人之间、人与组织之间，以及组织与组织之间就无法进行任何交流，一切社会活动也将无法进行。

（二）沟通是统一思想和行动的工具

一个人不管有多么高超的水平和多么灵验的管理方法，都必须将自己的意图和想法告诉相关人员，同时了解相关人员的想法。在重大的问题上统一思想认识和行动，非常有利于组织目标的实现。但是每个组织都由很多人组成，因为组织成员所处的位置不同、利益不同、掌握信息的多少不同、知识经验不同，所以对决策和政策的态度与反应也是不可能一样的。为使组织成员能够统一思想、明确任务并统一行动，以达到既定的目标，就必须运用多种技巧和方法进行反复的宣传和沟通。

（三）沟通是在组织成员之间建立良好人际关系的关键

一个团体内人际关系如何，主要取决于团体沟通的水平、态度和方式。融洽的人际关系取决于相互之间很了解、有感情、配合默契，依赖于有效的人际沟通。在组织中建立一个良好的沟通渠道、沟通体系和沟通氛围是领导者的重要任务，也是形成组织良好人际关系的关键。

（四）沟通是组织或个人与外部环境之间联系的桥梁

任何组织都必然要和许多利益相关者所构成的社会环境之间发生各种各样的关系，这些外部环境是决定和评价组织存在价值的最终确定力量，这就使得组织不得不和外部环境进行有效的沟通。而且，由于外部环境永远处于变化之中，组织为了能够存在和持续发展，就必须适应这种变化。良好的沟通，是一切组织存在和持续发展的基础。

四、沟通的类别

（一）按沟通中信息符号承载媒体的不同来区分

（1）口头沟通。口头沟通是指通过语言进行的信息交流，常见的口头沟通有演说、正式的一对一访谈或小组讨论、非正式的讨论及传闻或小道消息的传播等。

（2）书面沟通。书面沟通是指通过书面文字或符号进行的信息交流，常见的包括信件、布告栏、文件、书报杂志等。

（3）非言语沟通。非言语沟通是指通过某些媒介而不是讲话或文字进行的信息交流。非言语沟通内涵十分丰富，为人熟知的领域是副语言（语态等）沟通、身体语言沟通、物体的运用等。

（4）电子媒介沟通。电子媒介沟通是指采用现代化的网络沟通手段进行的信息传递和交流，如电子邮件、视频电话等。在某种程度上，电子媒介沟通可以看作口头沟通和书面沟通的现代化形式。

（二）按沟通的流向区分

（1）上行沟通。上行沟通是指下级向上级反映自己的意见和想法，是自下而上的沟通。

（2）下行沟通。下行沟通是上级对下级进行的自上而下的沟通。下行沟通往往用于发布规章制度，把单位或部门的工作目标、管理制度、工作程序向下级传达。

（3）横向沟通。横向沟通又称平行沟通，是指同一单位部门之间的信息传递与反馈或不同单位平级组织间的信息传递与反馈。

（4）斜向沟通。斜向沟通是指不相隶属的上级与下级之间交流意见和想法。

（三）按信息沟通渠道区分

（1）正式沟通。正式沟通是指组织系统内按照组织所规定的路线和程序进行的信息传递与反馈。例如，组织与组织之间的公函来往、组织内部的文件传达、例会制度、上下级之间的定期信息交流等。

（2）非正式沟通。非正式沟通是指正式沟通渠道以外的信息交流和传达方式。其形式有非正式的会议、闲聊、走动式交谈、吃饭时进行的交谈等。非正式沟通的特点有：① 信息交流速度较快；② 信息比较准确；③ 可以满足职工的需要；④ 效率较高；⑤ 有一定的片面性。

（四）按是否反馈区分

（1）单向沟通。单向沟通是指信息接收者只接收信息而不反馈信息。这种沟通一般是上级向下级发布信息，如发布任命、书面通知、做报告等。

（2）双向沟通。双向沟通是指信息发出者和接收者在沟通中双方地位不断变换，如交谈、协商等。

第二节　有效沟通的障碍因素及克服

一、有效沟通的障碍因素

（一）个人因素

个人因素主要包括两大类：一是选择性接受，二是沟通技巧的差异。

选择性接受是指人们有选择地接受与他们期望不一致的信息。研究表明，人们往往愿意听或看他们感情上有所准备的东西，或他们想听到或看到的东西，甚至只愿意接受中听的，而拒绝不中听的。

沟通技巧的差异是指所利用的沟通技术有所不同，这种不同会影响沟通的有效性。比如,有的人不能完美地进行口头表达,但却能够用文字清晰而简洁地写出来;另一些人口头表达能力很强,但不善于听取意见;还有一些人反应较慢,理解问题比较困难等。

(二)人际因素

人际因素主要包括沟通双方的相互信任、信息来源的可靠程度,以及发送者与接收者之间的相似程度。

沟通是发送者与接收者之间"给"与"收"的过程。信息传递不是单方的而是双方的事情,因此,沟通双方的诚意和相互信任至关重要。上下级间或平级间的猜疑只会增加抵触情绪,减少坦率交谈的机会,双方也就不可能进行有效的沟通。

信息来源的可靠性由下列四个因素决定:诚实、能力、热情、客观。有时,信息来源可能并不同时具备这四个因素,但只要信息接收者认为发送者具备即可。可以说信息来源的可靠性实际上是由接收者主观决定的。

沟通的准确性与沟通双方间的相似性有着直接的关系。沟通双方特征(如性别、年龄、智力、社会地位、兴趣、价值观等)的相似性影响沟通的难易程度和坦率性。沟通一方如果认为对方与自己很相似,那么他将比较容易理解、接受对方的意见,并且与之达成共识。

(三)结构因素

结构因素主要包括地位差别、信息传递链、团体规模和空间约束四个方面。

许多研究表明,地位的高低对沟通的方向和频率有很大的影响。

信息连续地从一个等级到另一个等级所发生的变化,称为信息传递链现象。一般说来,信息通过的等级越多,它到达目的地的时间也越长,信息失真率则越大。一项研究表明,企业董事会的决定通过五个等级后,信息损失率平均达80%。

随着团体规模的扩大,沟通的形式将非常复杂。

空间约束不仅不利于人们之间的交往,而且也限制了人们的沟通。一般两人间的距离越短,双方交往的频率也越高。

(四)技术因素

技术因素主要包括语言、非语言暗示、媒介的有效性和信息过量。

大多数沟通的准确性依赖于沟通者赋予字和词的含义。因为每个人表述的内容常常是由他独特的经历、个人需要、社会背景等决定的，所以，同一句话或文字常常会引起不同的理解和感受。

当人们进行交谈时，往往伴随着一系列有含义的动作：身体姿势、头的偏向、手势、面部表情、移动、触摸和眼神等，这些无言的信号通常能够强化所表述的含义。

二、克服沟通障碍

（一）理解沟通的重要性，正确对待沟通

沟通是人与人之间的思想和信息的交换。随着社会的发展、不同文化的融合及世界一体化趋势的增强，人际沟通显得比任何时代都更重要，要克服沟通障碍，首先要在思想上对沟通的重要性引起足够的重视。

（二）要学会听

在沟通中，倾听的分量很重。在倾听的时候，要注意以下方面：适当地使用目光接触；对讲话者的语言和非语言行为一直保持注意；不随意打断对方的讲话；使用语言和非语言表达予以回应；用亲切自然的语气来提问；显示出对讲话者的兴趣；表现出关心并愿意听的态度，做到“八要”“六不要”（见表8-1）。

表8-1　沟通中“听”时的注意事项

八要	六不要
表现出兴趣	争辩
全神贯注	打断
该沉默时必须沉默	从事与谈话无关的活动
选择安静的地方	过快或提前做出判断
留适当的时间用于辩论	草率地给出结论
注意非语言暗示	让别人的情绪直接影响你
没有听清楚时，请以疑问的方式重复一遍	
发觉遗漏时，直截了当地问	

（三）创造一个相互信任、有利于沟通的小环境

人际沟通中真诚相待、与人为善、礼貌谦逊等对有效沟通很重要。沟通中

可通过主动问候，使用礼貌用语，说话时态度谦虚、热情，声音清晰、亲切，以及恰当使用幽默等营造信任的气氛，创造有利于沟通的小环境。

（四）缩短信息传递链，拓展沟通渠道

信息传递链过长，会减慢信息流通速度并造成信息失真。应注意减少机构重叠、层次过多的现象。此外，可在遵循管理基本原则的前提下，开辟非正式的直通渠道，以便于信息的传递。

（五）尽可能使用双向沟通

与单向沟通相比，双向沟通的效果一般较好，信息发送者能够及时得到反馈信息，有助于沟通。同时，信息的接收者因为参与了交流，对促进沟通双方的感情也大有裨益。

（六）加强平行沟通，促进横向交流

可以通过公众网站或专门网站与有关个人或全体有关人员进行信息沟通。例如，目前许多市政府建立网上政务平台，为社会公众广泛参与公共事务的决策、管理和监督提供了畅通快捷的渠道。

第三节　工作中的沟通

一、与同事沟通

（一）同事关系

同事关系是职业人员在工作中面对的主要关系，同事关系最大的特征是其中掺杂着某种显性的或者隐性的利害因素，以及由此引申开来的一系列可以预知或无法预知的潜在的冲突诱因。通常，人们建立人际关系的目的是为了满足一种心理上的归宿感，是自发性的。而在单位中，和同事们的关系从某种意义上来讲是为了达到自己能够完成自身在集体中承担角色的任务，存在比较明确的目的性和被迫性，是一种既竞争又合作的关系，这也是很多人感到同事关系比较难处理的最根本原因。

良好的同事关系是顺利开展工作的保证。一个人从参加工作到退休，大概要与同事共同度过人生中的 30 年。如果在这 30 年中他总是与同事相处得磕

磕碰碰，那么这样的人如何能在工作中取得成功呢？所以在单位里，为了工作的顺利开展，需要尽量做好和同事之间的有效沟通。

（二）与同事沟通的原则

1. 表里如一，与人为善

同事关系不同于一般社交场合的人际关系，它更讲究实实在在的真诚相处，以诚相待。表里如一，真挚诚恳，会受到同事的称赞；表里不一，虚与委婉，则比一时失礼给人的印象还差。

2. 不骄不躁，不卑不亢

同事之间能力有大小、水平有高低是客观存在的。自认为水平高的人，盛气凌人，用教导别人的口吻说话，无助于提升自己的个人形象；自认为水准不够，面对强者缺乏自信与勇气，也难获得交往的成功。

3. 君子之交，多边联系

同事关系应当是君子之交。真正的好同事，是风雨同舟、荣辱与共、相互关心的。但是关心也应有个限度，不可与一两人过分亲热，甚至随意干涉他人私生活，干扰或妨碍他人工作。

4. 发生分歧，保持冷静

同事相处有时难免发生意见分歧或误会。听到中伤自己的传言，不必火冒三丈，应冷静核实。无论发生什么事情，都要首先想一想是不是自己做错了；如果自己没错，那么就站在对方的角度，考虑一下对方的立场。

5. 善于真诚赞美同事

赞美就是通过对他人的优点做肯定和积极的反应，能有效缩短人际心理距离，实现双方良性的情感交流和心灵沟通。赞美能使交际双方都感受到被肯定、被尊重，进而让交际双方获得自信、满足、快乐的感觉。使用赞美要注意：情感要真挚、内容要真实、语言要贴切。

6. 同事相处要有团队精神

团队精神是高绩效团队中的灵魂，是成功团队身上难能可贵的特质，是一个团队取得成功的重要因素。

（三）同事间矛盾的化解

同事之间矛盾产生的主要原因多是嫉妒。嫉妒心是指自己的才能、名誉、地位或境遇被与自己有相同目标和志向的人超越，或彼此距离缩短时，所产生的一种由羞愧、愤怒、怨恨等组成的情绪体验。可以说，只要是身心健康的人或轻或重地都有这种心理，只不过有些人易表露，有些人善于掩饰而已。

除此之外，造成同事不和的原因还包括：个性不合；对工作有不同的标准和期望；晋升加薪，争强好胜；发生误会时处理不当等。在处理同事间的矛盾时可从以下几个方面着手。

1. 努力消除嫉妒心

嫉妒心虽说是人们常见的一种心理，甚至可能成为催人积极奋进的动力。但是如果处理不好，妒火中烧，就会引发不正当竞争，惹出许多是非来。所以我们要学会消除自己的嫉妒之心。人们可以从提高自身道德修养、正确认识嫉妒、客观评价自己、正确对比、换位思考、转移注意力等方面着手弱化，消除自身过多的负面情绪，必要时也可以通过自我宣泄的方式，如借助唱歌、跳舞、练书法、下棋等各种兴趣爱好来宣泄和疏导。

2. 注意避免招人嫉妒

遭人嫉妒有时也可能是问题出在自己身上，常被人嫉妒，会给个人的发展平添许多障碍，无端树敌，也为自己的人际关系造成一些麻烦。所以，可以在取得成功时，注意强调“艰苦历程”及外在因素的助力，不宜喜形于色，趾高气扬，无视他人；平时在与同事的交往中不妨表明自身的劣势，故意示弱，处处谦虚低调。这些都是高素养的体现。

3. 化解同事间矛盾需注意的事项

首先，要弄清原因，寻找解决办法。解决矛盾之前要分析矛盾深层次的原因，然后再寻找解决办法，对这个办法可能会产生的结果，要做到心中有数。

其次，要注意及时处理，绝不拖延。有了矛盾，一定不要拖延，最好在48小时内同对方协调解决，否则时间太久了，反倒不知如何开口去说了，结果只好匆匆了事，进而日积月累，形成大的矛盾。

再次，要注意换位思考，学会理解和宽容。在与同事发生矛盾时，自己应该主动忍让，从自身寻找原因，换位思考，多为他人着想，避免矛盾激化。学会宽容待人。宽容是对别人的释怀，也是对自己的善待。

最后，要注意态度诚恳，就事论事。矛盾的发生都有其根源，所以解决矛盾时也应该就事论事。切忌情绪化，以免激化矛盾。要把复杂的问题简单化，把利益链条和事件链条理清楚，真诚沟通，寻找和解与解决问题的办法。

二、与上司沟通

（一）工作汇报的方式和技巧

1. 汇报要选择好时机

汇报工作要善于把握恰当的时机。作为上司的好助手，应耳聪目明，手脚灵活，善于细心观察，准确掌握信息动态。在上司忙于其他事务或心情不好时，不要进行汇报，否则可能会惹来额外的麻烦。

2. 汇报要把握好分寸

一般说来，下属在自己职权范围内大胆负责、创造性工作，是值得倡导的，也是为领导所欢迎的。下属不能事事请示，遇事没有主见，大事小事均不做主，这样也许会使领导认为你办事不力，能力有问题。当然，该请示汇报的必须请示汇报，但绝不要依赖、等待。

3. 汇报前要做足准备

汇报前要把汇报的内容搞清楚，该准备的资料准备好。因为在汇报时，上司可能会问你一些细节问题，如果你说不上来，可能会给上司留下太粗心的坏印象。

4. 汇报时注意营造氛围

向上司汇报工作要先营造有利于汇报的氛围。汇报之前，可先就一些轻松的话题做简单的交谈。这不仅是必要的礼节，而且汇报者可借此机会稳定情绪，理清汇报的大致脉络，打好腹稿。这些行为看似寻常，却很有用处。

5. 汇报时要逻辑清晰

汇报工作要讲究一定的逻辑层次，不可“眉毛胡子一把抓”，讲到哪儿算哪儿。可以以线带面，从抽象到具体，抓住一条线，即本单位工作的整体思路和中心工作；展开一个面，即分头叙述相关工作的做法措施、关键环节、遇到的问题、处置结果、收到的成效等内容。

6. 汇报时语言要简洁

讲话漫无边际，会让人不知所云，因此讲话要有重点。和汇报内容无关的事尽量不要说，以免节外生枝。

7. 汇报时要讲究方法

向上司请示汇报是绝佳的表现机会，能给领导留下深刻的印象，所以汇报时要讲究方法。但是泛泛而谈，毫无重点的汇报会显得很肤浅。这时汇报者可把自己主管的或较为熟悉的、情况掌握全面的某项工作作为突破口，抓住工作过程和典型事例加以分析、总结和提高。另外,下属向上司汇报工作时,往往会出现一些失误,比如对一些情况把握不准,或漏掉部分内容,归纳总结不够贴切等。对此,可采取给上司提供相关背景资料、组织参观活动、利用其他接触机会与上司交流等方法对汇报进行补充和修正,使汇报更加周密和圆满。还要注意在汇报时不可过分强调自己的功劳,这样容易令人反感。

(二)如何向上司提建议

1. 注意选准时机

心理学研究表明,人的心境不同时对否定性意见的接受程度也不同。对上司提建议时不能不考虑到这一心理因素。要善于选择他们心境最佳的时机,比如,他们遇到高兴事,心情愉快时;一项工作圆满结束时;取得成绩,受到表扬时等。

2. 注意维护上司的尊严

要顾及上司的“面子”,注意维护其尊严,把握好说话的场合、分寸。如想法不一致时,不宜在正式场合公开与上司争论,要多利用非正式场合,尽量私下交谈,不要逼其当场表态、认错,挑战其自尊心。避免公开对上司提意见,这样,不仅能给自己留有回旋余地,而且有利于维护上司的个人尊严,不致使上司陷入被动和难堪的境地。

3. 注意提出建议的方式

每一项建议都三思而后行。向上司提建议时,注意不要直接去点破上司的错误所在,或越俎代庖地替上司做出你所谓的正确决策。而是要用引导、试探和征询意见的方式,向上司讲明其决策、意见本身与实际情况不相符合,使上司在参考你所提出的建议和资料后,水到渠成地做出你想要说的正确决策。换句话说,要把自己当作上司智慧的敲门砖,不要自告奋勇地充当上司的代言人。实践证明,一个聪明的下属,要想使自己的看法变成上司的想法,在许多时候应做好引导工作,为上司提供蕴含着结论的资料,留给上司自己去定夺,也可以提出多项可行建议让上司做选择。

4. 多从正面阐发自己的观点

《左传》有言:“献其可,替其否。”意思就是建议可行的方式策略而不是一味地否定。下级在给上司提意见或建议时也要注意多从正面去阐述自己的观点,少从反面去否定和批驳上司的意见,甚至要通过迂回变通的办法有意避免意见相左,产生正面冲突。

5. 尽量用书面形式

向上司提建议时尽量用书面形式。这样可以在建议中充分表达自己的思想，但是要注意用语简明扼要，经得起推敲。最好不用口头表达形式，因为口头表达往往不够正式，而且不能保证对方一直在状况内。

6. 防止和克服“越位”

正确认识自己的社会角色和地位，真正做到出力而不“越位”，是处理好上下级关系的一项重要艺术。向上司提建议时切忌“越位”，如哪些工作、哪些职权范围的事应该由谁干，都有一定的分工，有时还有几分奥妙在里面，如果你针对不属于你职责范围内的工作提出建议，就造成了“越位”。

（三）面对批评的正确态度和应对方式

面对批评，我们要有正确的态度。首先，要能够以“有则改之、无则加勉”的坦然态度去面对，虚心听取他人意见，认识自己的不足；其次，在面对批评时，要懂得进行自我剖析，避免矫枉过正；最后，面对批评要有宽大的胸怀，俗话说“良药苦口”，要真正做到正确面对批评，必须让自己心胸广阔，“睚眦必报”会是自己前进道路上的绊脚石。

在面对任何的批评时，要避免用针锋相对、否定自我、置之不理的消极方式去应对，这是非常有害的。正确的应对方式应该是控制住自己的情绪，仔细倾听，弄清批评你的人说了些什么。对善意的、有参考价值的批评意见，要考虑接纳，知错即改。即使是错误的批评，也要耐心地听对方把话说完再做解释，不宜中途打岔，那样容易被认为是狡辩，从而加剧双方的冲突。如果犯了错误，要将其作为一次接受教训、磨炼意志的机会，勇敢地面对，深刻地进行自我反省，力戒消沉，积极争取领导和同事们的谅解和帮助。

（四）与上司的私人沟通

1. 消除自卑

与上司交往时，由于能力和地位的差异，下属往往容易产生自卑心理。自卑心理是一种消极的情感体验，如果在与上司的沟通中有这种心理，下属可以通过客观看待事物，提高自我评价或认同差异，以及自我心理调整来减弱或消除自卑心理。

2. 学会幽默

幽默是指在社会交往中，善于抓住生活中可笑的或喜剧性的特征，运用智慧与表达技巧，使语言富有趣味性，让人发笑，心情放松。风趣幽默的语言是说话的一大特色，通常能够做到“四两拨千斤”，达到举重若轻的交际效果。

幽默是一种能博得好感、赢得友谊的好方法。无论我们从事什么工作，无论我们处于何种地位，与人交往是不可避免的，幽默不仅有助于我们与他人进行有效的沟通和交往，还利于我们处理一些特殊的人际关系问题，让我们顺利地渡过困境。尤其是在遇到那些没必要争执或不值得争执的问题时，适当的幽默能收到很好的效果，帮助我们与他人建立和谐的关系，赢得别人的信任和喜爱。幽默是通往成功社交的捷径。

3. 学会拒绝

拒绝是很难堪的，所以有些时候，我们心里很不乐意，本想拒绝，但却碍于一时的情面，轻易承诺了自己无法履行的职责，带给自己极大的困扰和沟通上的困难。其实，拒绝是一种艺术，拒绝得法，可以使对方心服口服。拒绝，也是一门学问，体现出个人的品德和修养，要使别人在你的拒绝中能感觉到你是真诚的、善意的、可信的。如果可以，在拒绝别人时尽量为别人推荐更好的替代方案。

三、与服务对象沟通

（一）了解谈话对象

以为别人不能理解而换个说法是我们常做的事，可如果没有考虑到对方的具体情况，往往会适得其反。

1. 了解对方的基本情况

了解对方的基本情况，如对方的年龄、性别、文化程度、职业和职务等。如果是少数民族或外国客人，还要看他的宗教信仰和风俗习惯。对方的基本情况不同，对信息的接受和理解就会有所差别。了解了对方的大致情况及其需要和层次，交谈就会更有针对性。

2. 清楚对方的身份和地位

懂得依对方的身份、地位来沟通，是自己处事能力与个人修养的体现。因为无论在哪个国度、哪个年代，地位及等级观念都是很强的。身份和地位的不同并不妨碍正常交往、平等交流，但在说话的措辞和情态上有必要适当把握。一般来说，对上级、对长辈、对老师、对有名气有地位的人，以及男士对女士等，不必唯唯诺诺，但也不要过于随便。

3. 掌握对方的个性特征

人各有情，各有其性。对待感情丰富的人，要动之以情；对待强硬理性的人，就要晓之以理；对待坦诚直率的人，礼节上不要太拘泥，而应直截了当；对待高傲自大的人，则多听少谈，多问少说，适时地赞美他们，同时也不必一味地言听计从，对不好直接沟通的部分，应恰当点拨，但要把握尺度，分清轻重缓急；对待心胸狭窄的人，要表示谦恭，多向对方请教，多征询对方的意见；对待虚荣心强的人要多真诚赞美；对待冷僻孤傲的人要多行关切。

4. 揣摩对方的心理状况

人在不同的情况下会有不同的心态，而且有时候未必能从外部表现上明显看出来，因此要学会察言观色，洞悉对方的心理，以便有效沟通。了解对方的心态，主要看对方的需要、兴趣状态和情绪状态，在对方苦闷时，要善于倾听；在对方高兴时，要善于助谈，用自己的言语增加对方的谈兴；在对方悲伤时，要善于安慰，使其在心灵上得到宽慰。

（二）沟通时遵守“互动”原则

1. 共享说话权利

谈话不该是一个人的独角戏，每个人都有表现的本能欲望。自己可以长话短说，言简意赅，多给别人时间，多听别人的高见，这样既尊重了对方，自己也多有收获。

2. 不要都谈论自己

双方在交流时，不要将话题都集中在自己身上，只谈论自己，自我吹嘘，这样只会影响自己的形象，使自己毫无神秘感。应尽量用“你”做每个句子的开头，这样会立刻抓住听者的注意力，同时能得到对方的正面回应。

3. 先研究对方背景

要将话题从“我”变为“你”，应该提前做一点准备工作。可在接触对方之前花点时间研究一下对方的背景。这样一见面，共同的话题就会源源不断，谈话自然让对方兴趣盎然。在这样一种氛围中，沟通会更加顺畅。

（三）服务对象抱怨时的心理

当服务对象心有不满时，会产生抱怨心理，这些不满或来自于服务质量没有达到其期许的标准，或来自于接受服务的过程中没有得到应有的尊重。在面对服务对象抱怨时，应对服务对象的心理进行具体的分析。研究表明，人的气质特征可以分为胆汁质型、多血质型、黏液质型和忧郁质型四大类。经调查统计，大多数重复投诉的服务对象属于胆汁质型和多血质型客户，这两类气质的服务对象高级神经活动类型属于兴奋型和活泼型，他们的情绪兴奋性高，抑制能力差，特别容易冲动，他们在投诉抱怨时的心理主要有三种。

(1) 发泄心理：这类服务对象在接受服务时，由于受到挫折，通常会带着怒气投诉和抱怨，把自己的怨气、抱怨发泄出来后，忧郁或不快的心情就会得到释放和缓解，以维持心理上的平衡。

(2) 尊重心理：多血质型服务对象的情感极为丰富，他们在接受服务过程中产生挫折和不快，进行投诉时，总希望自己的投诉是对的和有道理的，他们最希望得到的是同情、尊重和重视，服务者向其表示道歉和立即采取相应的措施等。

(3) 补救心理：服务对象投诉的目的在于补救，补救包括财产上的补救和精神上的补救。当服务对象的权益受到损害时，他们希望能够及时得到补偿。

(四) 面对服务对象抱怨时的心理建设

1. 服务对象有权要求服务者做好服务

服务对象是服务者存在的根本原因，因此，服务对象有权要求服务者把服务做好。在态度上，服务人员一定要对服务对象的抱怨毕恭毕敬地道歉："我们确实错了。"然后在此基础上寻求解决问题的办法。

2. 引发抱怨说明服务有改进空间

服务人员应该意识到使服务对象满意是服务人员的使命，能够为服务对象提供备受肯定和赞扬的服务是服务人员自身价值得以实现的最好体现。而抱怨指出了服务人员所提供的服务尚存在严重的不足，因此，服务者需要提升自身的服务品质。

3. 发现改进服务的机会

抱怨是一种愤怒，是一种不满，更是一种期待，一种信息，客户通过抱怨能把他的需求动向反映给服务者，使服务者知道自己应该怎样去做，还需要做哪些方面的努力。这些抱怨者就好似老师一样为服务者指出存在的不足。

4. 成功处理可以转危为安

当遭遇客户的抱怨时，服务人员不能消极悲观，而应该坚信如何解决问题才是最紧要的事情。成功处理问题可以让客户重新肯定，转危为安。服务人员首先应该自我检讨，认可客户是对的，然后积极寻找解决问题的办法，争取化被动转为主动。

(五) 处理服务对象抱怨的基本原则

1. 遵守"尊重"的沟通原则

尊重是与人沟通时应遵循的首要原则。尊重对方的需要，你的沟通也更容易成功。要在沟通中实现尊重,可采用含蓄的暗示。暗示是为了保全他人的自尊和面子,可以成为他人行动的动力。人们在沟通时收到暗示,感受到了尊重,就会积极主动回应,从而实现有效沟通。

2. 认真听取抱怨,真诚道歉

客户抱怨的情况纷繁复杂,有的是借口,有的是合理的异议,有的仅仅是为了发泄。一味地向客户解释或辩白,这样只会浪费时间和令顾客更加反感。

在倾听客户抱怨时应不断地表示你在认真倾听,不要流露出不耐烦的表情,也不能打断客户的倾诉;保持冷静,不忙于为自己辩白,更要急于下结论。当自己无法解决客户的抱怨时,可以请上一级的主管出面。

处理抱怨时要有诚意,绝不能口是心非,或只是任由服务对象发泄,自己站在一旁无动于衷,惹恼服务对象。而应该是发自内心的,不论服务对象的抱怨合不合理,都应该向其表示歉意。

3. 注意给对方良好的观感

服务对象抱怨时要注意自己的言行,不可傲慢、摆架子;注意自己的视线及表情;注意手的摆放,腰杆是否挺起,以及服饰外表等,言行尽量一致。还要注意保持由内而外的乐观开朗。通常情况下,精神抖擞、态度正面的人,容易与人亲近,客户也比较喜欢这样的人,所以要随时保持愉悦向上的心情。

4. 坚持“三换”原则

“三换”原则是指换当事人、换场地、换时间。

换当事人：当服务对象对服务人员的服务不满时,再让这个服务人员出面去解决客户的问题,服务对象会有先入为主的心态,不但不利于问题的解决,有时还会加剧服务对象的不满。因此,找一个有经验、有能力、人缘好、职位高一点的主管来解决问题,会让服务对象有受尊重的感觉,有利于问题的圆满解决。

换场地：变换场地可以避免不良环境的刺激,更有利于问题的解决。

换时间：当服务人员做到前面的“两换”,还是没有办法解决问题,服务对象依然抱怨不停时,说明服务对象的积怨很深,就要另行约定时间并找一个比原来更高一级的主管来处理问题。

5. 运用恰当的声音、措辞交谈

声调的不同会带给服务对象不同的感受,如信赖感、成熟感、不安全感、厌恶感等。注意以平常心看待服务对象的抱怨,这样声音才能保持平静、洪亮、清晰。还要注意以恰当的措辞应对服务对象的不满,如道歉、说明情况时。

6. 善于利用境况缓和气氛

任何一个人都喜欢被人赞美,服务对象也是,但不能显得太刻意,要考虑是不是能将场面变得很愉快。对服务对象阿谀奉承过于谄媚,在对话里自然地表现幽默与智慧才是对话的高招。

7. 给出处理意见并注意善后

所谓满意都是相对的,很难达到绝对的满意。因此,合理的沟通就显得尤其重要。不管服务对象最后能否满意,都必须给予交代,不能不了了之。如果服务对象对处理结果不满意,可以再做第二轮的沟通。

争吵永远解决不了实际问题,服务人员此时需要用积极热情的态度,耐心向服务对象说明问题是由各种因素综合作用决定的。这样,大多数明白事理的服务对象都会表示理解。

关心所有服务对象的处理结果和方式,有必要在抱怨处理之后,采取一定的跟进性方式来了解客户的最终想法,即要注意服务对象抱怨的善后处理。

【思考题】

1. 如何认识沟通的作用?
2. 影响沟通的障碍因素主要包括哪些?
3. 工作中与上司、同事、服务对象沟通时有哪些方法?

（刘石柱）

第九章

突发事件应急管理

【阅读提示】

通过本章的学习，了解突发事件的基本概念、分类及特征，掌握突发事件应急管理的原则、内容和环节，熟悉我国突发事件应急管理组织体系基本架构。

第一节　突发事件概述

一、突发事件的概念

突发事件的定义，一般包括广义和狭义两种。广义上，突发事件即为突然发生的事情，第一层含义是指事件发生及发展的速度快，出乎意料，第二层含义是指事件难以应对，必须采取非常规方法来处理。狭义上，突发事件是指意外或突然发生的重大、敏感事件，简言之，即"天灾人祸"，比如自然灾害，恐怖事件、社会冲突、谣言等。

2007 年 11 月 1 日起施行的《中华人民共和国突发事件应对法》中规定，突发事件，是指突然发生，造成或者可能造成严重社会危害，需要采取应急处置措施予以应对的自然灾害、事故灾难、公共卫生事件和社会安全事件，按照社会危害程度、影响范围等因素，自然灾害、事故灾难、公共卫生事件分为特别重大、重大、较大和一般四级。

我国当前进入突发事件高发期。突发事件呈爆炸式增长、参与突发事件人数增加、突发事件具有广泛社会性、突发事件类型比较齐全、非理性及非法的表现比例不断上升，社会稳定和公共安全形势处于严峻状态，频发的突发事件对人民的生命和财产构成严重威胁。因此，建立健全社会预警体系，加强应急管理工作成为应对突发事件的重要课题。

二、突发事件的分类

根据突发事件的发生过程、性质和原因，可以将突发事件分为自然灾害、事故灾难、公共卫生事件，以及社会安全事件四个类型。

（一）自然灾害

主要包括水旱灾害、台风、暴雨、冰雹、风雪、高温、沙尘暴等气象灾害，地震、山体崩塌、滑坡、泥石流等地质灾害，风暴潮、海啸等海洋灾害，森林火灾和生物灾害等。

（二）事故灾害

主要包括工矿商贸等企业的各类安全事故（如矿难）、交通运输事故、公共设施和设备事故、危化品事故、核事故、火灾、爆炸、环境污染和生态破坏事件等。

（三）公共卫生事件

主要包括传染病暴发（如 SARS、病毒性肝炎、禽流感、埃博拉病毒等）、群体性不明原因疾病、食品安全和职业危害、动物疫情，以及其他严重影响公众健康和生命安全的事件。

（四）社会安全事件

主要包括恐怖袭击事件、经济安全事件和涉外突发事件、重大刑事案件、大规模群体性事件等。

三、突发事件的特征

（一）突发性

突发事件是事物内在矛盾由量变到质变的飞跃过程，是通过一定的契机诱发的，诱因具有一定的偶然性和隐蔽性，虽有量变过程，但事件爆发的时间、规模、具体态势和影响深度往往在意料之外。事件爆发，演变迅速，解决问题的机会稍纵即逝，如果不能及时采取应对措施，将会造成更大的危害和损失。

（二）不确定性

突发事件发生的具体时间、原因、实际规模，变化方向、影响因素、后果等各方面都无普遍规律可循，难以预测。人们在未知的事件面前往往无所适从，因而容易恐慌。

（三）危害性

突发事件不论其性质和规模，都会不同程度地给国家和人民造成政治、经济和精神上的破坏与损失，除了人员伤亡、财产损失之外，还体现在对社会心理和个人心理造成的破坏性冲击，进而渗透社会生活的各个层面。事件的发生会使人们的生活处于不稳定状态，和谐安宁的社会环境遭到破坏，整个社会组织处于混乱无序之中。

（四）社会性

任何一类突发事件，都必然要涉及一部分人的切身利益，使其产生心理压力和变化，引起人们的关注与不安。尤其是社会性的突发事件，多是由少数人操纵，通过宣传鼓动把一些群众卷到事件中来，一经产生往往传播迅速，影响巨大，引起广泛关注，负面影响大且持续时间长，处理不及时会发生连锁反应，引发灾害链。

（五）紧迫性

事发突然，瞬息万变，即使是微小的变化也可能引发巨大的灾难。所以迫切需要决策者依靠已掌握的信息，在有限的时间里，迅速做出判断和决策。对于突发事件的处置是否及时、妥当，关系社会稳定、执政水平和国家安危。

第二节　突发事件应急管理

一、突发事件应急管理的定义

应急管理是针对特重大事故灾害的危险问题提出的。突发事件应急管理是指政府及其他公共机构在突发事件的事前预防、事发应对、事中处置和善后恢复过程中,通过建立必要的应对机制,采取一系列必要措施,应用科学、技术、规划与管理等手段,防止可能发生的危机,处理已经发生的危机,保障公众生命、健康和财产安全,促进社会和谐、健康发展,维护社会稳定和国家安全的有关活动。

二、突发事件应急管理的原则

2006 年 1 月 8 日,国务院发布的《国家突发事件总体应急预案》确定了突发事件处置的六个工作原则：以人为本,减少危害；居安思危,预防为主；统一领导,分级负责；依法规范,加强管理；快速反应,协同应对；依靠科技,提高素质。其中“居安思危,预防为主”是我国突发事件应急管理的指导方针。

三、突发事件应急管理的内容

突发事件应急管理的内容包括建立一个应急预案和建立健全三个制度。应急预案即根据已经发生和可能发生的突发事件,事先研究制订的应对计划和方案,包括各级政府总体预案、专项预案和部门预案,以及基层单位的预案和大型活动的单项预案；三个制度则包括建立健全应急管理体制、应急运行机制和应急法制。

（一）建立健全应急预案体系

建立“纵向到底,横向到边”的预案体系。一方面,按垂直管理的要求,从国家到省到市、县、乡镇各级政府和基层单位都要制订应急预案,不可断层；另一方面,所有类型的突发公共事件都要有部门负责,都要制订专项预案和部门预案。相关预案之间要做到互相衔接,逐级细化。预案的层级越低,各项规定就要越明确、具体。

（二）建立健全应急管理体制

建立健全集中统一、坚强有力的组织指挥机构,发挥我国的政治优势和组织优势,形成强大的社会动员体系。建立健全以事发地党委、政府为主,有关部门和相关地区协调配合的领导责任制,建立应急处置的专业队伍、专家队伍。必须充分发挥人民解放军、武警和预备役民兵的重要作用。

（三）建立健全应急运行机制

建立健全监测预警机制、信息报告机制、应急决策和协调机制、分级负责和响应机制、公众的沟通与动员机制、资源的配置与征用机制、奖惩机制和城乡社区管理机制等。

（四）建立健全应急法制

加强应急管理的法制化建设，要把整个应急管理工作建设纳入法制和制度的轨道，按照有关的法律法规来建立健全预案，依法行政，依法进行应急处置工作，把法治精神贯穿于应急管理工作的全过程。

四、突发事件应急管理的环节

突发事件应急管理的环节包括预防、准备、响应和恢复四个阶段。尽管在实际情况中，这些阶段往往是重叠的，但它们中的每一部分都有自己单独的目标，并且成为下个阶段内容的一部分。

（一）预防

一方面是突发事件的预防工作，即通过安全管理和安全技术等手段，尽可能防止突发事件发生；另一方面是在假定突发事件必然发生的前提下，通过预先采取的预防措施，达到降低或减缓突发事件的影响或后果的严重程度。

（二）应急准备

应急准备是指为有效应对突发事件而事先采取的各种措施的总称，包括意识、组织、机制、预案、队伍、资源、培训演练等各种准备。

（三）应急响应

应急响应是指在突发事件发生以后所进行的各种紧急处置和救援工作。及时响应是应急管理的又一项主要原则。

（四）应急恢复

应急恢复是指突发事件的威胁和危害得到控制或者消除后所采取的处置工作。恢复工作包括短期恢复和长期恢复。

第三节　突发事件应急管理组织体系

一、发达国家突发事件应急管理组织体系

（一）美国应急管理体系

美国是当今世界上应急管理体系建设得比较完备的国家之一，不断完善的体制、机制和法制建设使其应对突发事件的能力越来越强，具体做法包括以下几个方面。

1. 不断在灾害中完善组织结构

1979 年前，美国的应急管理和其他国家一样，属于各个部分和地区各自为战的状态，直到 1979 年成立了联邦应急管理署，专门负责突发事件应急管理过程中的机构协调工作，其局长直接对总统负责。联邦应急管理署的成立不仅标志着美国现代应急管理机制正式建立，而且是世界现代应急管理的一个标志。

2001 年发生在纽约的 9・11 事件引起了美国各界对国家公共安全体制的深刻反思，它同时诱发了多个问题，政府饱受各方指责：多头管理带来的管理不力，情报工作失误，反恐技术和手段落后等。为了有效解决这些问题，美国政府于 2003 年 3 月 1 日组建了国土安全部，将 22 个联邦部门并入，联邦应急管理署成为紧急事态准备与应对司下属的第三级机构。

美国的其他专业应急组织还有疾病预防与控制中心，在应急管理中也发挥着重要作用。他们已经拥有一支强有力的机动队伍和运行高效的章程，在突发公共事件中有权采取及时有效的措施。

2. 健全应急法制体系

1976 年实施的美国《紧急状态管理法》详细规定了全国紧急状态的过程、期限，以及紧急状态下总统的权力，并对政府和其他公共部门（如警察、消防、气象、医疗和军方等）的职责做了具体的规范。此后，又推出了针对不同行业、不同领域的应对突发事件的专项实施细则，包括地震、洪灾、建筑物安全等。1959 年的《灾害救济法》几经修改后确立了联邦政府的救援范围及减灾、预防、应急管理和恢复重建的相关问题。

如今美国已形成了以国土安全部为中心，下分联邦、州、县、市、社区五个层次的应急和响应机构，通过实行统一管理、属地为主、分级响应、标准运行的机制，有效地应对各类突发的灾害事件。

（二）日本防灾减灾机制

日本地处欧亚板块、菲律宾板块与太平洋板块交接处，处于环太平洋火山地震带，台风、地震、海啸、暴雨等各种灾害极为常见，是世界易遭受自然灾害破坏的国家之一。在长期与灾难的对抗中，日本形成了一套较为完善的综合性防灾减灾对策机制。

1. 完善的应急管理法律体系

作为全球较早制定灾害管理基本法的国家，日本的防灾减灾法律体系相当庞大。《灾害对策基本法》中明确规定了国家、中央政府、社会团体、全体公民等不同群体的防灾责任，除了这一基本法之外，还有各类防灾减灾法50多部，建立了围绕灾害周期而设置的法律体系。

2. 良好的应急教育和防灾演练

日本政府和国民极为重视应急教育工作，从中小学教育就抓起，培养公民的防灾意识，通过各种方式举行防灾宣传活动；政府和相关灾害管理组织机构协同进行全国范围内的大规模灾害演练，检验决策人员和组织的应急能力，使公众能训练有素地应对各类突发事件。

3. 巨灾风险管理体系

日本经济发达，频发的地震又极易造成大规模经济损失。为了有效地应对灾害，转移风险，日本建立了由政府主导和财政支持的巨灾风险管理体系，政府为地震保险提供后备金和政府再保险。巨灾保险制度在应急管理中起到了重要作用，为灾民正常的生产生活和灾后恢复重建提供了保障。

4. 严密的灾害救援体系

日本已建成了由消防、警察、自卫队和医疗机构组成的较为完善的灾害救援体系。消防机构是灾害救援的主要机构，同时负责收集、整理、发布灾害信息；警察的应对体制由情报应对体系和灾区现场活动两部分组成，主要包括灾区情报收集、传递，各种救灾抢险，灾区治安维持等；日本的自卫队属于国家行政机关，灾害发生时，自卫队长官可以根据实际情况向灾区派遣灾害救援部队，参与抗险救灾。

（三）澳大利亚应急管理体系

澳大利亚位于南半球的大洋洲，地广人稀，人口主要集中在悉尼等中心城市和沿海地区。由于特殊的地理条件，澳大利亚在战略上一直是一个处于低威胁的国家，其突发事件主要是自然灾害，如洪水、暴雨、热带风暴、森林大火等，相应的应急管理也带有自己的鲜明特色。

1. 层次分明的应急管理体系

澳大利亚设立了一套三个层面、承担不同职责的政府应急管理体系。联邦政府层面,隶属于澳大利亚国防部的应急管理局是联邦政府主要的应急管理部门,负责管理和协调全国性的紧急事件管理;在州和地区政府层面,已经有六个州和两个地区通过立法,建立委员会机构,以及提升警务、消防、救护、应急服务、健康福利机构等各方面的能力来保护生命、财产和环境安全;社区层面,澳大利亚全国范围内约有700个社区,它们虽然不直接控制灾害响应机构,但在灾难预防、缓解,以及为救灾进行协调等方面承担责任。

2. 森林火灾防治

澳大利亚地处热带和亚热带地区,在干旱季节,气温高、湿度小、风大,森林植被以桉树为主,桉树含油脂多,易燃,一旦发生火灾,极易形成大火,并产生飞火,很难扑救,森林损失十分严重。针对这些情况,澳大利亚经过多年试验研制出了以火灭火的办法,采取计划火烧措施防治森林火灾,并采用气象遥感、图像信息传输和计算机处理等技术,实现了实时、快速、准确地预测预报森林火灾。此外,社会民众还成立了森林防火站、"火灾管理委员会"等民间组织来应对火灾。

3. 志愿者为特色的广泛社会参与

在澳大利亚,应急响应志愿者是抗灾的生力军,他们来自于社区,服务于社区,积极参与社区的减灾和备灾活动。州应急服务中心是志愿者抗灾组织中比较普遍的一种形式,帮助社区处理洪灾和暴雨等灾害,而且志愿者并不是业余的,他们都参加培训且达到职业标准,并能熟练操作各种复杂的救灾设备。

(四)加拿大的应急管理体系

加拿大大部分地区属于寒带,冬季时间长,40%的陆地为冰封冻土地区,蒙特利尔冬季的温度可至零下30℃,主要的自然灾害是冬季的暴风雪。

1. 重视地方部门作用的应急管理体系

加拿大自1948年成立联邦民防组织,到1966年,其工作范围已延伸到平时的应急救灾。1974年,加拿大将民防和应急行动的优先程序倒过来。1988年,加拿大成立应急准备局,由此成为一个独立的公共服务部门,执行和实施应急管理法。加拿大的应急管理体制分为联邦、省和市镇三级,实行分级管理。

2. 应对雪灾的全国协作机制

加拿大各级政府形成了一套针对雪灾的高效而系统的应急对策。清雪部门是常设机构，及时清理积雪，保障道路畅通，责任主要在各省、市政府。其中，省政府负责辖区内高速路，市政府负责市内道路。据统计，加拿大全国每年清雪费用高达10亿加元，各级政府也都有专门的年度清雪预算。加拿大清雪基本是机械化，每个城市都配有系统的清雪设备，为把暴风雪的影响降到最低，加拿大各省、市特别注重调动全社会的配合和参与，通过多种方式向公众介绍防范冰雪天气的知识和技巧，提高公众应对暴风雪的能力。

二、我国突发事件应急管理组织体系

（一）我国突发事件应急管理发展历程

1989年4月，我国政府积极响应联合国关于开展国际减灾十年活动的号召，成立了中国国际减灾十年委员会。2000年，根据我国开展减灾工作的需要和联合国有关决议的精神，更名为中国国际减灾委员会。2005年，经国务院批准改为现名，即国家减灾委员会。

在2003年以前，关于应急管理的研究主要集中在灾害管理研究方面。2003年，我国遭遇了一场由非典疫情引发的从公共卫生到社会、经济、生活全方位的突发公共事件。党和国家及时总结我国经济社会发展中存在的不全面、不协调、不可持续性和应急管理体系缺失等问题，提出全面加强应急管理建设的重大命题。

2003年7月28日，在抗击非典取得胜利的表彰大会上，党中央国务院第一次明确提出，政府管理除了常态以外，也要高度重视非常态管理。大会还提出“一案三制”，争取用3年左右的时间，建立健全突发公共卫生事件应急机制，提高突发公共卫生事件应急能力。这是政府第一次把非常态管理提上议事日程，国家提出加快突发公共事件应急机制建设的重大课题，是我国应急体系建设的第一个里程碑。同年10月，党的十六届三中全会通过的《关于完善社会主义市场经济体制若干问题的决定》强调“要建立健全各种预警和应急机制，提高政府应对突发事件和风险的能力”。

2004年5月，国务院办公厅将《省（区、市）人民政府突发公共事件总体应急预案框架指南》印发各省，要求各省人民政府编制突发公共事件总体应急预案。同年9月，党的十六届四中全会做出《关于加强党的执政能力建设的决定》，从加强党的执政能力和政府执行力的层面，进一步提出“建立健全社会预警体系，形成统一指挥、功能齐全、反应灵敏、运转高效的应急机制，提高保障公共安全和处置突发公共事件的能力”。

2005年1月，国务院常务会议原则通过《国家突发公共事件总体应急预案》和25件专项预案、80件部门预案，共计106件。同年7月，国务院召开第一次全国应急管理工作会议，颁布了《国家突发公共事件总体应急预案》。中国应急管理纳入了经常化、制度化、法制化的工作轨道。到2005年年底，我国突发公共事件的应急预案体系框架基本构建而成，这是我国突发事件应急管理的第二个里程碑。

2006年1月8日，国务院授权新华社全文播发了《国家突发公共事件总体应急预案》（以下简称《总体预案》）。《总体预案》是全国应急预案体系的总纲，明确了各类突发公共事件分级分类和预案框架体系，规定了国务院应对特别重大突发公共事件的组织体系、工作机制等内容，是指导预防和处置各类突发公共事件的规范性文件，其内容主要包括突发公共事件总体应急预案、突发公共事件专项应急预案、突发公共事件部门应急预案、突发公共事件地方应急预案、企事业单位根据有关法律法规制定的应急预案，以及举办大型会展和文化体育等重大活动，主办单位应当制定应急预案。

《总体预案》的出台使得突发事件应急管理登上一个新台阶。2006年3月，国家制定《国民经济和社会发展第十一个五年规划》，第一次提出“开创社会主义经济建设、政治建设、文化建设、社会建设的新局面”的要求。在这个总要求下，提出“建立健全社会预警体系和应急救援、社会动员机制。提高处置突发性事件能力”。党和国家把应急管理体系建设纳入国家经济社会发展战略规划和社会主义现代化建设“四位一体”的总体布局，明确了应急管理的定位、目标、任务和政策。该规划的发布和实施，是应急体系建设的第三个里程碑。

2006年8月，党的十六届六中全会通过《关于构建社会主义和谐社会若干重大问题的决定》，正式提出了我国按照“一案三制”的总体要求建设应急管理体系。《决定》指出：“完善应急管理体制机制，有效应对各种风险。建立健全分类管理、分级负责、条块结合、属地为主的应急管理体制，形成统一指挥、反应灵敏、协调有序、运转高效的应急管理机制，有效应对自然灾害、事故灾难、公共卫生事件、社会安全事件，提高突发公共事件管理和抗风险能力。”至此，这三次党的全会基本完成了我国应急管理体系框架的蓝图设计工作。同年9月，国务院召开第二次全国应急管理工作会议，进一步推动应急管理体系建设。

2007年，国务院下发《关于加强基层应急管理工作的意见》，全国人民代表大会常务委员会通过《突发公共事件应对法》，并于2007年11月1日正式实施。

2008年，在经历南方雪灾和汶川地震后，党中央及国务院深入总结我国应急管理的成就和经验，查找存在的问题，提出进一步加强应急管理的方针政策。同年10月8日，党中央、国务院召开的全国抗震救灾总结表彰大会上提出，“要进一步加强应急管理能力建设”。胡锦涛总书记指出，“要进一步加强应急管理能力建设，大力提高处置突发公共事件能力。要认真总结抗震救灾的成功经验，形成综合配套的应急管理法律法规和政策措施，建立健全集中领导、统一指挥、反应灵敏、运转高效的工作机制，提高各级党委和政府应对突发事件的能力”。这使我国应急管理体系建设迎来了历史的新起点。

（二）我国突发事件应急管理组织体系

1. 领导机构

国务院是突发公共事件应急管理工作的最高行政领导机构。在国务院总理领导下，由国务院常务会议和国家相关突发公共事件应急指挥机构（以下简称相关应急指挥机构）负责突发公共事件的应急管理工作；必要时，派出国务院工作组指导有关工作。

2. 办事机构

国务院办公厅设国务院应急管理办公室，履行值守应急、信息汇总和综合协调职责，发挥运转枢纽作用。

3. 工作机构

国务院有关部门依据有关法律、行政法规和各自的职责，负责相关类别突发公共事件的应急管理工作。具体负责相关类别的突发公共事件专项和部门应急预案的起草与实施，贯彻落实国务院有关决定事项。

4. 地方机构

地方各级人民政府是本行政区域突发公共事件应急管理工作的行政领导机构，负责本行政区域各类突发公共事件的应对工作。

5. 专家组

国务院和各应急管理机构建立各类专业人才库，可以根据实际需要聘请有关专家成立专家组，为应急管理提供决策建议，必要时参加突发公共事件的应急处置工作。

【思考题】

1. 突发事件的分类和特征是什么？

2. 突发事件应急管理包括哪些环节？

（代宝珍）

第十章
公务礼仪

【阅读提示】

通过本章的学习，行政事务人员应了解礼仪的内涵、原则、必要性，熟悉在仪容、着装、举止、内涵素养等方面如何塑造良好的公务形象，掌握人际交往和办公室工作中介绍、称呼、握手、言谈、接打电话等基本礼仪规范，从而提高自身职业素养。

第一节　礼仪概述

一、礼仪的由来及内涵

（一）礼仪的由来

礼仪起源于祭祀。按照《说文解字》的解释，"礼"，即"履"也，表示"事神致福"。"礼"从繁体字来看，以示"从豊"。示是神，豊是豆器上放的祭品。"礼"本身反映的事务是祭祀敬神，求神灵赐福。礼仪还源于协调人类相互关系的需要，维持群体生活的自然人伦秩序是礼仪产生的最原始动力，在此基础上，礼仪扩大到人际关系的其他方面。于是，礼仪便由最初的敬神，逐渐引申出表达对人的敬意。

（二）礼仪的内涵

礼仪是人们在社会交往中，为了表达相互尊重，在仪表、仪态、言谈、举止、仪式等方面约定俗成、共同认可的一种规范。所谓公务礼仪，即国家公务人员在工作和交往中所遵循的礼仪规范。

礼仪可分为两个部分，"礼"和"仪"。"礼者，敬人也。""礼"为内涵，表示对对方的尊敬、问候和祝愿。"仪"为形式，是在一定场合举行的、具有专门程序的、规范化的活动。"礼"是"仪"的本质，而"仪"是"礼"的外在表现形式，两者相辅相成、密不可分。尊重对方但不遵守规范，容易失礼；礼节周全但流于形式，只是客套。

二、礼仪的原则

（一）尊重

礼仪的核心就是“尊重”。在人际交往中，一个人不管年龄大小、职务高低，都应当受到尊重。尊重上级，是一个人的天职；尊重下属，是一个人的美德；尊重同事，是一个人的本分；尊重所有人，是一个人的教养。

（二）遵守

首先，遵守社会公德。其次，遵守时间和约定。树立严格的时间观念，做到有约在先，如约而行。最后，信守承诺。慎于承诺，重视承诺。

（三）适度

在与对方交往过程中，应不卑不亢、落落大方。礼仪运用既要合乎规范，又要把握分寸、恰到好处。做不到位或者过度热情，都不是最佳选择。

（四）自律

礼仪规范由对待个人的要求和对待他人的做法两大部分组成。应当做到严于律已，宽以待人。多容忍、理解、体谅他人，万不可求全责备，过分苛刻；最重要的是自我要求、自我约束、自我控制、自我反省，应当人前人后保持一致，讲求“慎独”。

（五）真诚

以“诚”为本，务必诚心诚意、言行一致，才可真正赢得交往对象的尊敬与友好。切不可把礼仪当作一件华丽的外衣来装饰自已，而应该是发自内心的真诚流露，是内在与外在的和谐统一。

三、礼仪的必要性

（一）对个体而言

学习礼仪，有助于塑造个人的专业形象，形成个人独特竞争优势。礼仪可以说是一个人的内在修养与素质的外在表现。一个人的形象气质、举手投足、言谈举止能充分体现出个人魅力和风度,能真实透射出个人的素质修养与文化内涵。

(二)对组织而言

学习礼仪,也是组织形象的保证。在公务活动中,个人的形象同时也代表了组织的形象。通过礼仪学习,能够更好地尊重交往对象,树立良好的待人接物准则,不仅可以顺畅地传播沟通信息,减少与人交往的摩擦与冲突,更能够提高组织的办事效率,有利于公务活动的开展。

四、礼仪的学习要求

(一)注重换位思考

礼仪的核心就是尊重对方。多站在对方的立场思考问题,常怀敬人之心。在交际活动中,将对对方的尊敬、重视、恭敬、友好放在首位。

(二)注重细节

细节决定成败。礼仪学习要注意四个细节。一要热情真诚,不夸张做作;二要有礼有节,不怠慢无礼;三要言行一致,不表里不一;四要一视同仁,不厚此薄彼。

(三)注重实践

礼仪本身就是一门应用学科,学习礼仪,务必坚持知行统一,注重实践,在实践中不断学习和演练。学习礼仪讲求循序渐进,对于一些规范、要求,必须反复运用、重复体验,才能真正掌握。

此外,学习礼仪需要注意,一忌成为“礼仪的奴隶”,做事瞻前顾后,把礼仪教条化;二忌成为“礼仪警察”,只看对方的错误,而忽略了对自身的严格要求。

第二节 形象礼仪

人与人见面的第一印象取决于最初的7秒~2分钟。决定一个人的第一印象中,55%体现在外表、穿着、打扮,38%体现在肢体语言及语气,而谈话内容只占到7%。在现代交往礼仪中，如何给对方留下良好的第一印象非常重要，即“首因效应”。

一、仪容礼仪

（一）男性仪容

短发为宜，简约大方，清洁整齐，不要太新潮。头发前不覆额、侧不掩耳、后不及领。保持面部清洁，每天刮胡须，不蓄胡须，鼻毛不外现。饭后洁牙，杜绝口臭。留短指甲，保持清洁。注意个人卫生，身上无汗味、异味。

（二）女性仪容

发型文雅、庄重，梳理整齐。如为短发，头发长度不宜超过肩部；若是长发，应将其挽束或盘起，用发夹夹好，不宜任意披散。正式的场合应适度妆饰，化妆清淡自然，切忌浓妆艳抹。宜使用清新、淡雅的香水，香味不宜过于浓烈刺鼻；提前半小时左右用喷洒或涂抹的方式，用于耳后、颈脖与手腕处。指甲不宜过长，保持清洁，涂指甲油时不着深色，不当众修剪指甲。

（三）修饰避人

无论男女，整理、修饰自己的仪容时，要自觉回避其他人；不当众化妆、补妆，也不当众整理自己的服饰等。

二、着装礼仪

着装不能简单等同于穿衣，而是着装者基于自身的生活阅历、文化修养、审美情趣、身材特点，根据不同的时间、场合、目的，有选择性地对服饰进行选择与搭配，在正式场合中，力求展现个人和组织的最佳风貌，给人留下良好的印象。

（一）着装总体要求

着装的总体要求是：端庄得体、干练精明、朴素大方、温文尔雅。

恰当的着装传递出大量信息。它不仅可以展示一个人的认真态度、对工作的尊重，而且还将展示个人是否为自己的表现做好了准备。若个人在乎自己的职业，在服装上也能够体现出来，因为在公务场合，穿着合理、展现专业身份，也是个人的工作和责任之一。

（二）着装礼仪原则

1. TPO 原则

“TPO”是三个英语单词首字母的组合，它们分别为时间（Time）、地点（Place）、场合（Occasion）。

着装应该与当时的时间、地点和所处的场合相协调。“时间”既指每一天的早、中、晚三个时间段，也包括每年春夏秋冬的季节更替，以及人生的不同年龄阶段，应做到随“时”更衣。中老年人偏爱沉稳着装，年轻人喜欢有活力的着装，在公务场合衣着要与个人身份相搭配，既不要太新潮，也不要太落伍。地方、场所、位置不同，着装应有所区别，只有与特定场合的气氛相一致、相融合的服饰，才能产生和谐的审美效果，实现人景相融的最佳效果。

（1）公务场合。为突出专业和庄重，应选择着西装、套裙或制服。

（2）社交场合。突出时尚个性，可以选择礼服、时装和特色的民族服装。

（3）休闲场合。着装应舒适自然，可选择运动装、便装、沙滩装等。

2. 整体性原则

服饰的整体美构成，包括人的形体、内在气质，以及服饰的款式、色彩、质地、工艺及穿着环境等。正确的着装，能起到修饰形体、容貌等作用，形成和谐的整体美。

3. 个体性原则

依个人的性格、年龄、身材、爱好、职业等要素着装，力求反映个人的个性特征。选择服装因人而异，着重点在于展示所长，遮掩所短，显现独特的个性魅力和最佳风貌。

4. 整洁性原则

在任何情况下，服饰都应该是整洁的。衣服没有褶皱与污渍，不能有绽线的地方，更不能有破洞。扣子等配件应齐全。衣领和袖口处尤其要注意整洁。

（三）男士着正装的礼仪

1. 西装礼仪

男士一般以西装为正装。一套完整的西装包括上衣、西裤、衬衫、领带、腰带、袜子和皮鞋。穿西装要打领带、系腰带。领带不宜太长或太短，领带下方斜角应与腰带等高。穿“V”字领毛绒衫时，领带应放在毛绒衫内。

系领带时，衬衫的纽扣尤其第一粒纽扣要扣好。双排扣的西装要把纽扣全部扣上，单排扣的西装非正式场合可以不扣，但在正式场合要扣上。单排两粒扣的西装一般只扣上面一粒，单排三粒扣的西装一般只扣上面两粒。

注意：单排扣西服最下面一粒扣子永远也不要扣上。

穿西装时一定要穿皮鞋，且裤脚要盖住皮鞋鞋面。袜子一般应穿与裤子和鞋子同类颜色或较深的颜色，如黑色或藏蓝色。

2. 衬衣

（1）面料：应为高织精纺的纯棉、纯毛面料，或以棉、毛为主要成分的混纺面料。

（2）颜色：必须为单一色，白色为首选。

（3）图案：以无图案为最佳。

（4）领型：以方领为宜。

（5）衣袖：正装衬衫应为长袖衬衫。

（6）衣扣：衬衫的第一粒纽扣，穿西装打领带时一定要系好。

（7）袖长：衬衫的袖口一般以露出西装袖口以外1.5厘米为宜。

（8）下摆：衬衫的下摆不可过长，而且下摆要塞到裤子里。

（9）在室内可不穿西装外套、只穿衬衫打领带，但在正式场合这样的穿着是不被允许的。

3. 注意事项

（1）三色原则。即全身上下不超过三种颜色，可选择藏蓝、灰、黑色西装。

（2）三一定律。即鞋、腰带、公文包最好选择一个颜色，而且首选黑色。

（3）三大禁忌。一忌没拆商标，二忌没穿套装打领带，三忌穿白色袜子。

（四）女性着正装的礼仪

女性在正式场合最好选择套裙作为正装。套裙穿着应端庄得体，突出女性的体型美。

1. 套裙的选择

（1）面料

女士套裙面料宜选纯天然质地且质量上乘的面料。上衣、裙子、背心要求同一面料。

（2）颜色

正式场合以冷色调为主，以体现着装者典雅、端庄、稳重的气质，一般选择白色、黑色、灰色这三种颜色最不会出错。此外，也可灵活运用色彩，搭配出不同的效果。

第一，主辅搭配法。只选择一种色彩为基调、主调，再辅以其他色彩进行搭配。

第二，同色搭配法。将同一种颜色按深浅不同的方式进行搭配，形成和谐的效果。

第三，相似色搭配法。如白色配灰色，蓝色配绿色等。颜色要求清新、典雅、庄重。

第四，对比色搭配法。如黑色配白色，红色配黑色等。

无论选择哪一种搭配方法，都必须让整体显得和谐。如没有太大把握，可以黑、白、灰这三种颜色作为主调，根据肤色、气质来选择自己的着装。

（3）图案

讲究朴素简洁，以无图案最佳，或选格子、圆点、条纹等图案适当点缀。不宜添加过多点缀，以免琐碎杂乱、小气，有失稳重。

（4）尺寸

包括宽窄和长短两方面。套裙宽松度要恰到好处，不要过松过大，更不能过于紧身。裙子长度应适宜。目前女士裙子一般有三种形式：及膝式、过膝式、超短式。女性超短裙裙长应不短于膝盖以上 15 厘米。

（5）鞋袜

正式场合的鞋子应选择单色的皮质包鞋，不穿露脚趾与脚后跟的凉鞋或鱼嘴鞋。选择高跟鞋或中跟鞋，但鞋跟不宜过高过细。鞋子光亮、清洁，无异味，如有磨损应及时修补或更换。腿与脚不暴露，着肤色或深色的高筒袜或连裤袜。

2. 女性正式场合着装六忌

在正式场合着装时，以下六个忌讳女性最应谨记，这些都会给人不稳重的感觉，有损职业形象。

一忌过分杂乱。着装风格、颜色或配饰过多、过杂。

二忌过分鲜艳。穿着过于繁杂的服装，或者服装颜色过分耀眼。

三忌过分短小。超短裙、短裤、露脐装等在正式场合都是不被允许的。

四忌过分紧身。服装可以修身，但不可过分紧身，最好不要在正式场合穿着曲线毕露的衣服。

五忌过分暴露。在正式场合，最基本的不露有三，即不暴露胸部、不暴露肩部、不暴露大腿。

六忌过分透视。着装过于透视往往意味着轻浮，也表示对他人的不尊重。切不可露出内衣外形或颜色。

3. 女性着装三不准

第一，不光腿穿黑皮裙。第二，服饰不能出现残破，尤其是丝袜，出现破损应立即更换备用丝袜。第三，不能鞋袜不配套，袜口不能露出裙子外面，出现“三截腿”现象。

（五）饰品礼仪

饰品佩戴礼仪讲究饰品与服装相协调，与形体、相貌相协调，还要与饰品、环境相协调。

女性工作场合首饰佩戴宜少而精，一次最多不超过 3 件首饰，且首饰最好同质同色，切忌颜色杂乱。男性可选择佩戴手表，已婚人士可以佩戴一枚戒指。

三、举止礼仪

行为举止是心灵的外衣。教养体现细节，细节决定成败，成败取决于素质。举止礼仪有四个禁忌：一忌松垮，二忌冷淡，三忌傲慢，四忌轻佻、不稳重。公务场合，行政事务人员应运用得体的举止，体现自己热情、干练的工作态度。

（一）恰当的眼神

眼睛是心灵的窗户，是最有效的表情达意工具。交谈时，一定要和对方有目光接触，注视对方的眼鼻之间，以示重视。既不可死盯着对方，给对方造成压力；也不可东张西望，漫不经心，给人不礼貌的感觉。眼神注视时间应保持在总交谈时间的三分之一长。

倾听对方谈话时，遵循“三角形法则”：倾听时，看着对方的一只眼睛，过 5 秒钟后，将视线转到另一侧的眼睛上，再过 5 秒，移向嘴。在两眼与嘴巴之间，保持三角形的路线进行移动，这样既可以表示一直在关注对方，同时也不会给人过于强势的感觉。

（二）微笑的表情

微笑能充分体现一个人的热情、修养和魅力。在工作过程中，应通过轻松友善的微笑，赢得服务对象的赞赏，获得良好的声誉，从而为事业成功打好基础。

微笑应发自内心，自然大方，真实亲切，最好让眼睛笑起来，感染对方。少用带有抵触意义的微笑，比如抿嘴笑和歪脸笑，会让人感受到不适或抗拒。同时也应注意，不要一直保持微笑，尤其谈话内容比较严肃的时候，会让对方心生疑惑。

（三）自信的站姿

1. 规范站姿

站姿的基本要求是挺胸抬头、微收下颌、双目平视、面带笑容；双肩平直、双肩自然下垂、收腹直腰；双腿并拢直立。女士双腿、双脚靠紧，男士可双脚微分，但不宜超过肩宽。

2. 接待站姿

两手在腹前交叉，右手搭在左手上直立。这种站姿，男子可以两脚分开，距离不超过20厘米。女子可以用小丁字步，即一脚稍微向前，脚跟靠在另一脚内侧。这种站姿端正中略有自由，郑重中略带放松。在站立中身体重心还可以在两脚间转换，以减轻疲劳。

（四）优雅的坐姿

1. 标准坐姿

上身挺直，双肩正平。男士两手放在两腿或扶手上，双膝并拢，小腿垂直落于地面，两脚自然分开成45°。女士双腿直于地面，双脚的脚踝、膝盖直至大腿并拢在一起，双手交叉叠放在两腿中部或扶手上。脊背伸直，头部摆正，目视前方。

2. 双腿斜放式

这是一种女士专有坐姿。座椅较低时，应采用双腿斜放式，即双腿并拢后同时向右侧或左侧斜放，并与地面成45°左右的夹角。

3. 坐姿注意事项

不要把脚藏在座椅下或钩住椅腿；脚不能跨在椅子或沙发的扶手上、架在茶几上。轻入座，坐满座椅的2/3。穿着裙装的女士，入座时要用手先拢平裙摆，然后再坐下。入座后两手不可同时放在扶手上，不得半躺在沙发上，不要上身趴在桌椅上或本人的大腿上。不要跷二郎腿。女士切忌两腿叉开。不能不停地抖动双腿或摇摆腿脚。

（五）美观的蹲姿

1. 蹲姿使用场合

蹲姿多用于捡拾物品、照相取景、帮助别人或照顾自己。规范的蹲姿能体现一个人的举止修养，应使自己的蹲姿显得优美。

2. 高低式蹲姿

下蹲时右脚在前，左脚在后，两腿靠紧向下蹲；右脚全脚着地，小腿基本垂直于地面，左脚跟提起，脚掌着地；左膝低于右膝，左膝内侧靠于右小腿内，臀部向下，基本上以左腿支撑身体。

3. 蹲姿注意事项

男士下蹲时双腿可以有一定的距离，应保持端庄文雅的姿态。切忌面对他人下蹲、背对人下蹲或双腿平行叉开下蹲。女士下蹲时应注意两腿紧靠，保持典雅优美的姿态；不应低头、弯腰、翘臀，不应双腿平行叉开；切忌露出内衣。

（六）正确的行姿

1. 行姿规范

（1）正确的行姿。行走时步履应自然、轻盈、敏捷、稳健、优雅、大方。目光平视，身体立直，面朝前方，挺胸收腹，两臂自然下垂，前后自然摆动。双脚应该笔直行走，脚尖要指向正前方，两只脚踩得接近于一条直线。

（2）适当的步幅。人的身高与步幅大小成正比。男士穿着西服、长裤，步幅可略大；女士穿短裙或高跟鞋，走路步幅要小。

（3）优雅的步态。行进时，步态坚定明快、有自信力，膝盖和脚腕应富有弹性，腰部应成为身体中心移动的轴线，双臂自然轻松地前后摆动，保持身体各部位之间动作的和谐。

（4）平稳的步速。保持步速的均匀，不要太快，显得不稳重；也不要太慢，显得没活力。

2. 行姿注意事项

行走时，脚步要干净利索，有鲜明的节奏感，不可拖泥带水，也不可重如马蹄声。不要低头，以免给人不自信或不安全的感觉。不要昂头，会给人自傲和目中无人的感觉。不要东张西望、左顾右盼，以免引起旁人的戒备之心。不要大甩双臂、左摇右摆，避免给人以轻浮、不稳重的感觉。不要落脚太重，发出“咚咚”声。不要鞋跟钉铁掌。切忌顺拐或“内八字”和“外八字”。切勿三五成群、左拥右挤，阻碍别人行路。

（七）恰当运用手势

1. 引导手势

（1）横摆式。五指并拢，手掌自然伸直，手心向上，肘微弯曲，腕低于肘。

开始做手势应从腹部之前抬起，以肘为轴轻缓地向一旁摆出，到腰部并与身体正面成45°时停止。头部和上身微向伸出手的一侧倾斜，另一手下垂或背在背后，目视宾客，面带微笑，表现出对宾客的尊重、欢迎，同时加上礼貌用语，如“请”“请进”。

(2) 斜摆式。请客人落座时，当椅子在引领者左方，左手在前，右手在后，双手掌向椅子方向摆出，双肘微弯曲，左肘弯曲度小于右肘弯曲度，上体微微前倾，面带微笑说“请坐”。

2. 递送物品

(1) 双手为宜。递送物品应双手递，双手接，目视对方，面带微笑。

(2) 方便对方。将带有文字的物品递交他人时，最好能方便对方，文字正面朝向对方。

(3) 尖、刃向内。将带尖、带刃或易伤人的物品递给他人的时候，切勿将尖、刃直接朝向对方。正确的做法是将其朝向自己或朝向他处。

3. 巧用手势，无声制胜

(1) 尽量自然、放松地运用手势。在表达自我时，最好要自然、放松，尽量让手掌向上摊开，少用甚至不用向下、握拳的手势，以便让对方更容易接纳你。

(2) 表达时，手部不要有太多小动作。说话时，手势运用不要过于频繁，避免搓手、抚摸颈部、整理服装和妆容、撕咬指甲、抓耳挠腮等手势。

(3) 忌采用防御手势。尽量不要将双手插在裤兜里。双手交叉抱于胸前或者背在身后都是不当的姿态。

四、内涵素养

人的形象分外在形象和内在形象两种。所谓外在形象，即人们可直接通过视觉、听觉和触觉得到的印象，主要包括行为举止、服饰搭配、语调仪容、说话方式等。所谓内在形象，即一个人的内在修养，包括品德修养、学识修养、语言文学修养、艺术修养等。

外在形象的塑造，只能获得短期魅力。一个人的形象塑造，应当内外兼修，尤其注重内在形象的修为，注重内涵，做到“腹有诗书气自华”，才可获得交往的长期魅力。

第三节　交际礼仪

一、会面礼仪

在与人交往中，无论是会面、握手，还是言谈，都应把握适当距离。
私人距离（亲密距离）：小于0.5米；
常规距离（交际距离）：0.5～1.5米；
礼仪距离（尊重距离）：1.5～3.5米；
公共距离（面对大众）：3.5米以上。

（一）介绍礼仪

1. 为他人介绍

遵循“尊者优先”原则，即为尊者、年长者有先知权和主动权。介绍的顺序一般是把职位低、年纪轻的介绍给职位高、年纪大的；把男士介绍给女士；将未婚的介绍给已婚的；把晚到的介绍给早来的。

如果有好几位客人同时来访，就要首先按照职务的高低、年龄大小，再按照性别依序介绍。当不太了解职位情况，人员又比较多时，可自定介绍顺序。比如按顺时针方向开始介绍，切勿厚此薄彼。

2. 自我介绍

（1）时间选择

把自己介绍给他人时，应选择对方有空闲的时间，有认识自己的兴趣或主动提出认识自己的请求时。时间保持在半分钟左右，至多不超过1分钟。内容过多，别人记不住，也还有炫耀之嫌。

（2）态度

自我介绍时，态度要亲切、自然、友好、自信。善用眼神、微笑、表情，尽量为双方寻找共同话题，如爱好、经历、兴趣等。

（3）五种形式

应酬式：您好，我是×××。
工作式：您好，我叫×××，是××市××局××科科长。
交流式：您好，我叫×××，在××县××局上班，是×××的朋友。
礼仪式：正规场合，姓名＋职务＋谦辞（敬辞）。

问答式：有问必答。

（二）称呼礼仪

1. 职务性称呼

称呼对方的职务，以示尊敬。具体做法可仅称呼职务，如“局长”“主任”等；军界人士，可以军衔相称；可以在职务前加上姓氏，如“张经理”“王市长”等；在极其正式的场合，还可以在职务前加上姓名全称，如“×××省长”“×××书记”等。

2. 职称性称呼

有职称者，尤其有高级职称者，可在工作中直接称呼对方职称，如“张教授”“李工程师”等。在十分重要的场合，要求在职称前加上姓名全称，如“张××教授”“李××主任医师”“刘××主任编辑”等。

3. 行业性称呼

称呼对方的职业，如“王会计”“李医生”“张老师”等。

4. 性别性称呼

对于不熟悉的对方，可以根据对方性别进行称呼，如“张女士”“王先生”等。

5. 姓名性称呼

若关系比较亲密的同事和熟人，可以直接称呼对方的姓名。

（三）握手礼仪

1. 握手的要求

握手时，双方距离1米为宜，双腿立正上身稍前侧，从身体的侧下方伸出右手，四指并拢拇指张开，两人的手掌与地面垂直相握，上下轻摇，一般二三秒为宜。握手时注视对方，微笑致意或简单地用言语致意、寒暄。

2. 握手的次序

尊者优先伸手，即上级在先，长辈在先，女士在先。上级同下级握手，应由上级首先伸手；长辈同晚辈握手，应由长辈首先伸手；女士同男士握手，应由女士首先伸手。宾主之间的握手较为特殊，当客人到达时，应由主人首先伸手，以示欢迎；当客人告辞时，应由客人首先伸手，以示主人就此留步。

在正规场合，当一个人有必要与多人一一握手时，可以自己制定规则，如按照顺时针顺序，或者由近及远，切不可厚此薄彼。

3. 握手的禁忌

握手时左顾右盼是对别人的不尊重，也不能面无表情，一言不发，应当与对方有眼神的交流，适当寒暄，如“很高兴认识您”。握手时不应戴手套和墨镜，也不能有气无力，仅握住对方的手指尖。手里拿东西时也不宜和对方握手，应当把东西放下。注意手部清洁，手脏或手湿时最好不要和对方握手。

（四）名片礼仪

1. 名片的内容

名片的内容一般有姓名、工作单位、职务、职称、联系方式等。文字要美观、简洁，突出姓名和头衔，职称不要超过两个。如果有对外业务，可在背面印英文或其他外文。若职务较多，也可印不同的名片，以备不同场合需要。

2. 交换名片

递名片时，要郑重其事，最好起身站立，走上前去，面带微笑，目视对方，用双手将名片的文字正面朝向对方。可以用“请多指教”“多多关照”等语言，或者做一下自我介绍。

接受名片时宜双手去接，首先要认真看或默读一遍，如有不明白之处，应及时询问对方，表示对对方的重视，然后细心收藏至上衣口袋或名片夹中。

3. 使用名片注意事项

已接受对方名片，然后到处寻找自己的名片，被认为是失礼的；错把别人的名片送给对方则是严重失礼。另外，交换名片时，忌讳从屁股后兜里掏或装入，这是对人不敬的严重失礼之举。

不可将自己的名片像发牌一样扔给每个人，也不可见人就发，太过积极主动递送名片的女性也很难给人稳重、端庄之感。一般是右手送自己的名片，左手接对方的名片。不要用左手递名片，不要用手指夹着名片给别人，不要把别人的名片拿在手里把玩，不要在别人的名片上做谈话记录，也不要在用餐时发名片。

（五）电梯礼仪

1. 有电梯引导员

搭乘电梯，有电梯引导员时，应让客人先进先出。

2. 无电梯引导员

如无电梯引导员，为确保安全和方便客人考虑，应主人先进后出，并按住按钮以防电梯门夹住客人，客人后进先出。如遇超员，让客人先行；到达楼层，让客人先行。

乘坐电梯时，按钮动作要轻，进入电梯应和电梯里的人打个招呼，或者微笑点头示意。电梯内使用礼貌用语，不大声叫嚷、拥挤，更不能高声接打电话。

（六）乘车礼仪

乘车的座次很讲究，我国一般是右为上，左为下。右座高于左座，后座高于前座。具体而言，轿车座次的尊卑自高而低是：后排右位，后排左位，前排右位，前排左位。陪同客人时，要坐在客人的左边。

上下车顺序：主动打开车后排的右侧车门，请客人坐于右座，轻轻关上车门，自己从车后绕到左侧打开车门，在左座就座。抵达目的地后，若无专人负责开启车门，自己从左侧下车后绕到右侧门，打开车门请客人下车。

乘坐轿车时，通常有两种情况：如有司机，座次一般以后排右座为尊，左边次之，前排司机旁坐接待人员。如主人自己驾车，尊位在主人右侧。具体安排见图 10-1。

图 10-1　轿车的座次安排

（七）走路、引导礼仪

两人并行，右者为大；两人前后行，前者为尊；三人并行，中者为尊，右边次之，左边更次；三人前后行，前者为尊；三人并坐，中者为大，右边次之，左边更次；室内围坐时，面对门口的中间位置为尊。

上楼时，客人走在前，主人走在后；下楼时，特别是楼梯较陡时，主人走在前，客人走在后。引导人员保持微笑，走在客人左前二三步，配合客人的行走速度，用左手示意方向，语言提示客人“这边请”；道路湿滑、有拐弯或楼梯、台阶处提醒客人“请小心”“注意楼梯”“有台阶”等。

二、言谈礼仪

（一）言谈基本要求

1. 尊重对方

言谈过程中要以对方为中心，处处体现对别人的尊重。尽量选择别人感兴趣的话题，如果中途离开必须致歉。

2. 态度谦虚诚恳，表情亲切自然

无论和谁交谈，都要保持谦虚诚恳的态度，表情亲切而温和。谈话过程中姿势端正，点头微笑，以示自己对对方观点的支持、赞同或理解。在言谈过程中要做到神情专注，充分尊重谈话对象。切忌东张西望，似听非听，或处理手边事务，这些都是不礼貌的行为。也不应打哈欠、伸懒腰，或者不时看表，心不在焉，都会给对方留下不好的印象。

3. 语调平和沉稳

语调适中，平静中带有活力和节奏感，让对方感受到你的自信与从容。语速不要太快，也不要太慢，保持在220～240字/分钟为宜。无论怎样讲话，给人的感觉始终应是平和沉稳的，做到不疾不徐，张弛有度，保持从容大气。

4. 语言准确规范

做到发音准确，字句清晰，内容简明，少用方言，慎用外语。

（二）话题的选择

1. 六不谈

言谈中尽量注意六不谈：第一，不妄议党和政府。第二，不涉及国家秘密和行业秘密。第三，不非议交往对象。第四，不背后议论他人。第五，不涉及格调不高之事。第六，不涉及个人隐私。

2. 宜选的话题

（1）格调高雅

无论是正式还是非正式谈话，都应当自觉选择高雅、文明的内容。比如历史、文学、艺术、科技、风土、人情、传统、典故等，还可以选择政策国情、社会发展、社会热点等主题。

（2）轻松愉快

交谈是为了促进双方的了解，拉近彼此的距离，谈话内容可以有意识地选择轻松愉快的话题，比如旅游、文体、休闲、娱乐等。

(3) 对方擅长

谈话时最好选择对方擅长的内容，给对方发挥的空间和机会，充分调动对方的谈话积极性，也可以借此表达对对方的谦恭之意，取长补短。

（三）言谈技巧

1. 细心观察，寻找共性

细心观察，发现彼此之间的共性。利用人的“求同”心理，一下拉近和对方的距离，打开交谈的局面。

2. 认真倾听

认真倾听是最好的交谈。既不能听而不闻，假装倾听，也不要选择性倾听，只听自己感兴趣的内容。应当专注、用心地倾听，目视对方，全神贯注，同时予以一定的动作配合。自己接受对方的观点时，应以微笑、点头等动作表示同意。在听别人说话的过程中，不妨用“嗯”或“是”等词加以回应。同时与自身经历做对比，设身处地地理解对方的情感。

3. 嘘寒问暖，打开话匣

与对方首次见面时，选择怎样的开场白很重要。在本该和对方问候的时候，如果一言不发，或者不知所云，都显得既不礼貌，也不得体。可采用问候式、启发式、聆听式、触景生情式、夸赞式等方式，打开对方话匣。

(1) 问候式

采用嘘寒问暖的寒暄方式，可在人际交往中打破僵局，迅速缩短人际距离。比如，“您好”“很高兴认识您”“您一路辛苦了”“您最近在忙什么呢”等。注意有些隐私问题不宜询问，比如对方的年龄、经济收入、衣服与饰品的价格，以及婚姻和家庭状况等。

(2) 启发式

对于不擅言谈的对象，可多加引导，循循善诱，或抛砖引玉，鼓励对方采用恰当的方式表达观点。比如，“听您口音好像是东北人”“您的讲话很有见地，能不能再详细解释一下”等。

(3) 夸赞式

每个人都喜欢听到对自己的赞美，比如，“您气色不错”“您的发型真棒”“您的气质真好”等，这样可以迅速拉近彼此的距离。

赞美别人一定要细心观察，实事求是，有感而发，真诚中肯，不可以过于夸大，以免有虚假之感。赞美时话要说得自然，不能给人生硬之感，更不能千篇一律。当面对别人的赞美时，要面带微笑，表示感谢。

4. 掌握分寸，做到“四个不”

（1）不打断对方。不论自己是否认同对方的观点，对对方的话题是否感兴趣，都不可随意打断他人谈话，这是非常不礼貌的行为。

（2）不补充对方。对方讲完了，自己对所讲内容加以补充，容易引起对方反感。

（3）不纠正对方。即使对方讲错了，只要不伤大雅，不要轻易去予以纠正，更不要当众批评嘲笑。

（4）不质疑对方。不选择质疑的语气，更不可当众质疑对方的观点，让对方难堪。

第四节　办公礼仪

办公礼仪是工作人员在办公室内处理公务时必须遵循的礼仪规范，它能反映出一个单位的整体形象。

一、办公室礼仪

（一）出入礼仪

进入领导办公室或他人房间，无论房间门开关与否，都应轻轻敲门，得到允许后方可进入，切不可贸然闯入。出入办公室，应以手轻推、轻拉、轻关门，不可用手肘推门，用膝盖顶门或用脚踢、踹门。

进门后脚步要轻，见到领导或同事应点头致意，或问候“您好”“大家好”。不可打扰别人谈话、办公或会议，若对方在开会或不便接待，应主动告辞。如对方正在讲话，不要插话，而应静候片刻。如的确有急事需要打断，应提前致歉。

告辞时，尽量面对办公室内人员，礼貌倒退两步，道别后轻轻关门。动作要轻，不大声喧哗，以免影响他人办公。

（二）办公室礼仪禁忌

1. 形象不得体

女性浓妆艳抹、衣着不整或暴露，或喷洒过于浓郁的香水；男性不修边幅，穿拖鞋、短裤出入办公室；衣着、头发不整洁，语言、举止粗俗不得体，都属于不受欢迎的同事类型。

2. 过分注重自我形象

办公桌上摆放各种化妆品，时不时拿出镜子化妆、补妆，当众整理头发或服饰，不仅不雅观，而且给人不专业的感觉，有损自己和单位形象。

3. 滥用公共设施

单位的公共设施是为了方便大家工作而设立的，无论是电话、打印机、复印机，还是纸张、文具等，都应该爱惜使用，不应该随便挪用，或者滥用。

4. 零食香烟不离嘴

办公桌上摆放大量零食，自己时不时拿出来吃，或者几个同事间相互交换，嘴巴不停，非常影响办公室形象。办公室里有旁人或接电话时嘴里千万不要嚼东西，这是对别人的不礼貌。男士吸烟不断，丝毫不顾及他人感受，也会引起大家反感。

5. 办公室当家

办公室里随处摆放衣服、被褥、拖鞋、饭盒、电饭煲，甚至食材等，空气中弥漫着饭菜味道……生活气息太浓厚，也给人特别不整洁、不专业的印象。生活物品最好放到柜子里收好，不应随手乱放。

6. 高声喧哗

在办公场所旁若无人地高声接听电话，或者讲话声音很大，有了矛盾随意吵嚷，都会有失自身风度。应当保持彬彬有礼，声音放低，语气温和得体，才会赢得大家的尊重。

7. 随便挪用他人物品

未经别人允许随便挪用他人物品，用完后也不及时归还，甚至忘记归还他人，会严重影响自身形象。

8. 偷听他人讲话

在办公室内，别人私下谈话，应当暂且回避。如果你停下工作，伸长耳朵偷听；又或者别人在接打电话，你暗中关注，背后散播，都会使自己形象大打折扣。

9. 经常迟到

偶尔迟到可以谅解，如果经常迟到，容易给人留下不严谨、不守时的坏印象。时间一久，领导和同事也会慢慢不信任你，不敢把重要的工作交付给你，严重影响自身职业形象。

10. 对同事的客人冷漠

对于同事的客人，只要进入办公室，你都应当把自己当作主人，点头致意，热情接待。如果同事不在，应帮同事的客人倒杯水，轻声询问是否需要自己帮助，或者给同事打个电话，及时传达信息给同事，不可不理不睬、冷淡冷漠。

二、电话礼仪

（一）基本要求

1. “铃响不过三”原则

电话铃声响了，要及时接听。如果电话铃声一响就去接，对方没有心理准备，会让对方感觉唐突。如果超过三声，会给对方留下效率不高的印象，也会让对方因等待变得焦急、不耐烦。因此最好在铃响第二声或第三声时接听比较妥当，超过三声后接听，要先给对方致歉，“不好意思，刚才有点忙，让您久等了”。

2. 接、打电话先问好

接打电话时，对方虽然看不到你的形象，但可以通过声音、声调、语气、待人接物的态度等因素，真实地了解通话者的个人素质及单位的整体水平。在工作场合，无论打电话还是接电话，都应当先问好，给对方留下良好的第一印象，然后自报家门。比如，“您好，这里是××单位，请问……”，或“您好，××办公室，我是××”。

3. 说话语气委婉，吐字清晰

通电话时声音是唯一的沟通手段，语气和语调可以反映你的心情、状态和素养。说话时语气应亲切、温和、有礼，待人热情、语速适中、吐字清晰。不大声喧哗，不含糊不清、吞吞吐吐。电话过程中决不能吸烟、吃零食，即使姿势懒散对方也可以听出来。应该就当对方在自己眼前，保持喜悦的心情，面带微笑，坐姿端正，充满活力。

4. 通话时内容简明扼要

通话时，应简明扼要，珍惜对方和自己的时间，提高通话效率。如果事情较多，不方便在电话中谈，可与对方另约时间当面会谈。

使用电话，记住“四个禁忌”：一忌不理不睬，二忌冷淡敷衍，三忌公话私用，四忌高声接听。

（二）拨打电话

1. 考虑时机

拨打电话，应首先考虑对方是否方便，尽量避开对方忙碌或休息的时间通话。如果不是有特殊情况，尽量不要在早 7 点以前和晚 10 点以后拨打电话，也不要在午休和用餐时打电话，以免打扰对方。

2. 准备提纲

打电话前准备一张白纸，提前列好提纲，写好自己要说的重要内容。

3. 简明扼要

通话时间尽量控制在三分钟以内，做到条理清晰，有重点地选择通话内容。

4. 保持礼貌

打电话过程中保持微笑，做到语言标准、流利，语气亲切、精练，语音清晰，语速适当。通话结束，应用“谢谢”“祝您顺利”“再见”等礼貌结束语。

（三）接听电话

1. 及时礼貌接听

电话铃响后应及时接听，首先自报家门，然后再询问对方来电的意图等。

2. 认真倾听，积极反馈

电话交流要认真理解对方意图，并对对方的谈话做必要的重复和附和，如“是”“对”“好的”“我明白了”等，切不可漫不经心、答非所问。

3. 重要内容要记录

备有电话记录本，重要电话做记录。按照5W1H要求记录好重要信息。所谓5W1H是指：When（何时）、Who（何人）、Where（何地）、What（何事）、Why（为什么）、How（如何进行）。

4. 轻放话筒

电话内容讲完，应等对方结束谈话再以“再见”为结束语。对方放下话筒之后，自己再轻轻放下，以示对对方的尊敬。

通话时如果有他人过来，不得目中无人，应点头致意，如果需要与来人讲话，应讲“请您稍等”，然后捂住话筒，小声交谈。友善对待打错的电话。如果对方打错了电话，也应当温和礼貌告之，不可流露不耐烦之意，也不可讽刺挖苦、恼怒发火。正确处理好打错的电话，也有助于提升个人和组织形象。

（四）代接电话

如所找对象不在，应委托他人简要说明缘由，主动留言，留下联系方式和自己的姓名，记住委托人姓名，礼貌致谢。

如替他人接听电话，在谈话开始时，写下对方的姓名、电话、单位和事由等。在与对方交谈时，经常礼貌称呼对方的姓或名，并及时转达。

如果领导不接电话，应设法圆场，不让对方感到难堪和不安。对于自己不了解的人或事不能轻易表态，更不可随意透露领导行踪和个人信息。

【思考题】

1. 应如何理解着装 TPO 原则？

2. 言谈有哪些礼仪要求？

3. 办公室有哪些礼仪禁忌？

（卢璐）

参考文献

[1] 江苏省地方志编纂委员会:《江苏年鉴 2016》,江苏年鉴杂志社,2016 年。

[2] 夏书章、王乐夫、陈瑞莲:《行政管理学》,中山大学出版社,2013 年。

[3] 陈振明,等:《公共管理学原理》,中国人民大学出版社,2017 年。

[4] 张康之、张乾友:《公共行政学》,中国人民大学出版社,2016 年。

[5] 张康之、李传军编:《行政伦理学教程》,中国人民大学出版社,2014 年。

[6] 姜明安编:《行政法与行政诉讼法》,北京大学出版社,2015 年。

[7] 莫于川:《行政法与行政诉讼法》,科学出版社,2017 年。

[8] 马怀德编:《行政法与行政诉讼法学案例教程》,知识产权出版社,2013 年。

[9] 杨群欢:《办公室事务管理》,中国人民大学出版社,2016 年。

[10] 谢煜桐:《办公室工作》,中共中央党校出版社,2017 年。

[11] 陈云:《办公室工作实务》,中国环境科学出版社,2016 年。

[12] 李正春:《办公室工作案例、方法与技巧》,暨南大学出版社,2017 年。

[13] 张浩:《新编党务办公室文秘写作与规范处理全书》,中国文史出版社,2017 年。

[14] 陈涛涛:《党政机关公文写作实用案例精解》,中国法制出版社,2017 年。

[15] 岳海翔编:《最新公文写作技法》,中国文史出版社,2017 年。

[16] 编写组:《党政公文写作格式与范例》,中共中央党校出版社,2016 年。

[17] 文轩:《办公室文秘写作精要与范例实用全书》,古吴轩出版社,2016 年。

[18] 金环、李专编:《管理沟通》,上海交通大学出版社,2017 年。

[19] 张莉:《管理沟通》,高等教育出版社,2017 年。

[20] 赵洱岽:《管理沟通:原理、策略及应用》,高等教育出版社,2017 年。

［21］金正昆：《政务礼仪教程》，中国人民大学出版社，2016 年。
［22］宋薇：《中外礼仪大全》，译林出版社，2017 年。
［23］袁平：《现代社交礼仪》，科学出版社，2017 年。
［24］张岩松：《知书达礼：现代社交礼仪畅讲》，清华大学出版社，2016 年。
［25］王祯军：《领导干部应急管理能力提升：问题与对策》，国家行政学院出版社，2016 年。